20 MULHERES EXTRAORDINÁRIAS QUE ESTÃO — MUDANDO — o Mundo

Texto de Rosalba Troiano

ÍNDICE

ENTRETENIMENTO

CIÊNCIA, ARTE E CULTURA

ÍNDICE

ESPORTES

DIREITOS HUMANOS E MEIO AMBIENTE

Descubra seu superpoder!

Mudar o mundo... só de pensar nisso faz parecer uma tarefa impossível. No entanto, essas histórias nos mostram que, mesmo em nossa juventude, podemos iniciar revoluções sutis, porém significativas, e descobrir que, juntos, com pequenos, mas importantes passos, realmente fizemos a diferença.
Como podemos fazer isso? Tornando-nos conscientes de nosso *poder* e habilidades e encontrando maneiras de expressá-los com confiança e segurança em nós mesmos, podemos assumir o controle das escolhas que moldarão nosso futuro. Além disso, ao desenvolver *resiliência*, podemos nos manter firmes e equilibrados mesmo nos momentos mais sombrios, transformando desafios em oportunidades de crescimento.
Quando crianças, essas mulheres eram muito pobres, muito teimosas ou muito únicas. Ou simplesmente bastante comuns.
Mas todas elas têm algo em comum: nunca desistiram e descobriram vinte maneiras de realizar seus sonhos e mudar o mundo. Você será capaz de encontrar a vigésima primeira?

Nós acreditamos que sim!

Taylor Swift

Cantora, compositora e atriz

West Reading, Estados Unidos, 1989

A garotinha que escrevia músicas em seu quarto agora é uma pop star com milhões de fãs.

Eu sinto que a felicidade já está dentro de nós, que ela reside em nosso verdadeiro eu. Você não acredita em mim? Aposto que você daria uma boa risada se assistisse alguns vídeos antigos que meus pais guardaram. Tem um de mim, com três anos de idade, indo até as pessoas na praia e me apresentando: "Oi, eu sou a Taylor, vou cantar a música do *Rei Leão* para vocês". Há também um em que estou sentada no colo da minha avó Marjorie, na frente do piano, martelando incessantemente nas teclas. Ela era uma soprano com uma voz encantadora e viajou metade do mundo com suas apresentações. Ainda sinto saudades dela até hoje. Em casa, eu vivia cercada por música e poesia, com discos dos grandes astros do country e do rock, os favoritos da minha mãe, além de muitos livros de contos de fadas e aventuras. Eu absorvia aqueles sons, palavras, rimas e ritmos como se fossem fórmulas mágicas, e ficava recriando-os com minha voz repetidamente. Tudo isso aconteceu no cenário mágico que era nossa fazenda (meus pais vendiam árvores de Natal), onde eu morava com meu irmãozinho, um pônei chamado Ginger e pelo menos três gatos. O impulso de cantar e escrever músicas veio naturalmente: à noite, eu ia para o meu quarto e me sentava na cama para escrever no meu diário, pensando nas emoções que sentira naquele dia e em tudo o que havia descoberto.

> "As pessoas nem sempre estiveram lá para mim, mas a música sempre esteve."

Escrevi minha primeira música, "*Lucky You*", quando tinha doze anos: não surpreendentemente, é sobre uma garota que sonha em viajar o mundo graças à sua música. Eu mal podia esperar para realizar esse sonho, meu sonho, e felizmente, meus pais me apoiaram mudando toda a família para perto de Nashville, o lar da música country. Minha mãe me esperava no carro enquanto eu entrava em cada gravadora e, assim como na praia muitos anos antes, eu entrava e dizia confiantemente: "Oi, eu sou a Taylor. Quero um contrato com uma gravadora. Me ligue". Então, eu deixava uma demo com covers cantados por mim. Ninguém me ligava de volta, mas eu não desanimei. Em vez disso, para melhorar minhas apresentações em festivais locais e shows de talentos, decidi aprender a tocar um violão de doze cordas. Disseram que minhas mãos eram pequenas demais e que eu não conseguiria, mas pratiquei todos os dias até meus dedos ficarem cobertos de calos e... consegui!

Continuei fazendo audições e me apresentando e, finalmente, consegui meu primeiro contrato.

A *Big Machine Records* acabara de ser fundada, era relativamente desconhecida e tinha apenas uma dúzia

de funcionários no início. Quando meu primeiro single foi lançado, minha mãe e eu fomos ajudá-los a colocar CDs em envelopes para enviar às rádios. Nós nos sentamos no chão porque não havia cadeiras suficientes!
Mas era 2006, eu tinha 16 anos e minha música "*Tim McGraw*" chegou a todas as casas. Para os primeiros fãs, foi como se vissem a si mesmos refletidos na luz da minha inocente juventude. Desde então, nunca parei de escrever, cantar e me apresentar. Tem sido um sucesso após o outro. Perdi a conta dos álbuns que lancei, dos recordes que bati nas paradas de sucesso, dos prêmios e reconhecimentos que recebi. Mas não quero te entediar dizendo que sou mais famosa que Madonna, que já vendi mais de 200 milhões de discos, que desfilo pelos tapetes vermelhos ao redor do mundo e que agora sou um ícone do pop. Nunca escrevi músicas para ganhar dinheiro, mas porque genuinamente amo música. E ainda sou a garota de coração mole que vive bons e maus momentos e os transforma em palavras e sons. Um de meus fãs disse uma vez: "Quando ouço a Taylor, não penso nas experiências dela, mas nas minhas, no que vivi e senti".

Como você pode ser como a Taylor? Use sua imaginação, mas não se esqueça da empatia, gentileza e respeito.

E esse é o ponto: quero me conectar com os outros através das minhas histórias. No início, eu cantava sobre os primeiros amores e as primeiras desilusões. Mas, à medida que fui crescendo, passei a falar sobre o empoderamento feminino, assumir responsabilidades e desenvolver uma consciência política. Eu realmente amo meus fãs, os *Swifties*: eles são meus melhores amigos e estamos sempre conectados. E eu digo a eles, e a você, que infelizmente o mundo está cheio de pessoas maldosas, mas é melhor não perder tempo com coisas triviais como críticas ou maldade. Em casa, tenho emoldurada uma letra de uma música dos Beatles: "*Take these broken wings and learn to fly*" (Pegue essas asas quebradas e aprenda a voar). Isso significa que quando os outros não acreditam em nós, zombam de nós, querem que sejamos diferentes do que somos, precisamos sacudir as críticas e seguir em frente, amar a pessoa destemida e mágica que já somos e perseguir nossas paixões. Para mim, felicidade é música, e ninguém nunca tirará isso de mim. Um dia, talvez eu não seja mais rica, não ganhe prêmios nem seja famosa. Mas sempre terei a alegria de escrever uma música incrível!

Stella McCartney
Designer de moda

Londres, Reino Unido, 1971

Filha do famoso *Beatle* Paul McCartney, Stella começou a desenhar roupas ainda jovem. Ela fez sua primeira jaqueta aos 13 anos, colaborou com o designer Christian Lacroix para seu primeiro desfile aos 16 e, aos 21, criou camisetas para um leilão em benefício das mulheres afegãs. Vegetariana e amante dos animais, ela nunca usa couro, preferindo tecidos naturais e materiais feitos de plástico reciclado. Ela colaborou com sua amiga Taylor Swift em uma coleção especial de roupas para o lançamento de seu álbum *Lover* em 2019.

Billie Eilish

Gantora e compositora

Los Angeles, Estados Unidos, 2001

A garotinha que costumava se esconder atrás de um travesseiro para cantar agora é a pessoa mais jovem a ganhar dois Oscars.

Você acredita que eu nunca fui à escola? Estudei em casa com meu irmão Finneas, e nossos pais nos ensinaram o que sabiam ou no que estávamos mais interessados. Foi um sistema excelente, posso garantir: me formei no ensino médio com apenas quinze anos. Foi assim que meus pais, ambos atores e músicos, nos transmitiram seu amor pelas canções, melodias e instrumentos como o ukulele e o piano. Quando eu era muito pequena, cantava o dia todo, tanto que às vezes eles me imploravam para ficar quieta. No entanto, nas reuniões de família, todos queriam ouvir minha bela voz, e eu me apresentava com alegria. Mas eu era tão tímida que me escondia atrás de um travesseiro. Isso é bem engraçado! Quando eu tinha quatro anos, até escrevi uma espécie de música sobre uma garotinha que cai em um buraco negro. Não posso descartar que algo assim possa realmente ter acontecido comigo, já que eu nunca parava quieta um instante! Sempre carregava uma câmera de vídeo comigo e filmava meus brinquedos no jardim, fingindo que estávamos na selva. Eu criava meus próprios cenários e figurinos, depois pedia ao meu pai para editá-los para adicionar música e efeitos especiais. Mais tarde, aprendi a usar esses programas de computador para que eu mesma pudesse fazer isso; meus pais estavam convencidos de que eu iria me tornar diretora quando crescesse. Sem chance! Minha verdadeira paixão era dançar. Como não éramos ricos, em troca das aulas caras, meus pais se ofereceram para fazer pequenos trabalhos para o professor, como consertar casas ou cozinhar refeições quentes. Eu adorava balé, sapateado, dança moderna e hip hop, e praticava doze horas por semana. Com todos os sacrifícios que meus pais fizeram, era o mínimo que eu podia fazer! Quando eu tinha oito anos, me juntei ao *Coro Infantil de Los Angeles*: eu não só adorava cantar com meu grupo, mas minha técnica também melhorou significativamente. Sem falar que minha mãe dava aulas de composição musical em casa. Escrevi minha primeira música "de verdade" aos onze anos, como tarefa de casa. Tive que me inspirar em um programa de TV e escolhi minha série favorita, *The Walking Dead*. Então escrevi "Fingers Crossed", que é sobre uma espécie de apocalipse zumbi. Você pode ouvi-la no YouTube, dizem que é muito poderosa.

> "Eu cresci sem nenhum dinheiro, eu cresci pobre. Eu tinha apenas um par de sapatos e uma camisa."

Durante esse período, escrevi muitas músicas. Eu estava crescendo e me sentia muito desconfortável na minha própria pele; me sentia feia e desajeitada. Também era atormentada por uma condição que ainda me causa tiques nervosos incontroláveis, conhecida como síndrome

de Tourette. Eu imaginava cenários e sentimentos de personagens fictícios, e isso me ajudava a expressar toda a minha inquietude. Uma noite, minha tia me levou para ver o musical *Matilda*. No final, a jovem protagonista fez uma reverência enquanto as pessoas aplaudiam, e foi então que percebi o que realmente queria fazer: estar no palco, na frente de uma plateia! Dei tudo de mim para a dança, determinada a me tornar profissional. Mas meus ossos ainda não estavam fortes o suficiente e uma lesão séria pôs fim a esse sonho. Isso me levou a um período de profunda e sombria tristeza. Parecia que eu não tinha motivo para me sentir bem, bonita e capaz. Eu me odiava. Mas havia outra coisa reservada para mim... Minha professora de dança me pediu uma música para usar em uma coreografia. Até aquele momento, Finneas e eu, embora muito próximos, escrevíamos nossas próprias coisas separadamente, ocasionalmente compartilhando algumas dicas. Naquela época, recorri a ele porque ele era talentoso e eu queria causar uma boa impressão. Ele tocou para mim uma música que havia escrito para os *Slightlys*, sua banda, mas que achava que seria perfeita para a minha voz. Adorei "*Ocean Eyes*" quase que instantaneamente. Gravamos a música no quarto dele usando um programa de computador e a compartilhamos gratuitamente no *SoundCloud* para que o professor pudesse baixá-la.

Como você pode ser como a Billie? Não confie somente no talento, mas concentre-se no trabalho duro e na dedicação.

Em seguida, fomos dormir. Ela viralizou da noite para o dia! Nosso sucesso imediatamente chamou a atenção de uma gravadora e assinamos nosso primeiro contrato. Era 2016, eu tinha quinze anos, e aquilo parecia um renascimento: se eu não podia dançar, talvez pudesse cantar!

Embora eu seja incrivelmente famosa agora, embora minhas músicas sejam hits globais e eu ganhe inúmeros prêmios (incluindo dois Oscars, um por "*No Time To Die*" (parte da trilha sonora do filme James Bond!), o sucesso não me mudou. Eu quero ser eu mesma, não quero ser controlada pelo sistema das estrelas. Ainda escrevo e gravo músicas no meu quarto com meu irmão, faço turnê com meus pais e minha melhor amiga, uso roupas grandes porque não quero que julguem meu corpo, dirijo meus próprios vídeos e só colaboro com artistas que respeito: esta é a Billie Eilish que os fãs seguem com amor. Eu retribuo porque sou um deles, porque ainda enfrento os mesmos desafios. E se você sonha em subir a um palco, eu lhe digo: "Se sentir que está se afogando, dê tempo a si mesmo. E saiba que pedir ajuda não o torna mais fraco, mas sim mais forte. Você vai conseguir".

Selena Gomez

Cantora, atriz e empresária

Grand Prairie, Estados Unidos, 1992

Selena nasceu quando sua mãe tinha apenas dezesseis anos. Ela a criou sozinha, enfrentando muitos desafios. Apesar disso, Selena tornou-se a encantadora ídolo de adolescentes de todo o mundo, graças aos seus papéis de destaque em filmes e séries de TV da *Disney*. Mais tarde, ela seguiu carreira na música e aos 17 anos foi nomeada embaixadora da UNICEF. Ela foi a primeira celebridade a atingir cem milhões de seguidores no Instagram e foi corajosa o suficiente para falar publicamente sobre sua doença, lúpus eritematoso, sobre *body shaming* e sua luta contra a depressão e a ansiedade.

BRIT
AWARD
GRAMMY
Award

Jennifer Lopez

Cantora, atriz, dançarina e empresária

Nova York, Estados Unidos, 1969

A garotinha que veio do Bronx agora é uma grande pop star.

Quando me pedem para eu me descrever em duas palavras, digo que sou forte e ambiciosa. As pessoas sempre tentam dizer a uma mulher, especialmente se ela for forte e ambiciosa, que ela está errada, que essas qualidades só são apropriadas para um homem: ele é assertivo e determinado, enquanto ela é apenas uma pessoa determinada e agressiva. Você não acha isso profundamente injusto?

Se me tornei uma atriz, cantora e dançarina de destaque, foi unicamente porque sempre soube o que queria e me esforcei, perseverei e trabalhei muito para conseguir isso. Sim, sou forte e ambiciosa, e fico feliz por ser assim. Tenho sido assim desde que era a Jenny do Bronx. O quarteirão, ou melhor, o bairro, era o Bronx, um dos mais notórios de Nova York. Meus pais vieram de Porto Rico com um sonho: proporcionar um futuro para a família. Passamos por dificuldades financeiras e morávamos em uma casa que era gelada no inverno e sufocante no verão. Mas minha mãe e meu pai não permitiram que minhas irmãs e eu sentíssemos pena de nós mesmas. Com seu exemplo, eles nos mostraram que estudar, dedicação e força de vontade podiam realizar qualquer sonho. Eu era uma garota muito ativa, sempre em movimento, atlética e cheia de energia. Fiz aulas de balé, jazz e dança latina. E eu adorava cantar. Minha mãe, minhas irmãs e eu nos divertíamos muito cantando, dançando ou atuando. Imitávamos atores de nossos programas favoritos e nos apresentávamos para qualquer pessoa, família, vizinhos ou amigos.

> "O que você coloca nas coisas é o que você tira delas."

Eu realmente amava a ideia de estar no centro das atenções e simplesmente não conseguia entender por que alguns dos meus colegas de classe não se interessavam nem um pouco. Meu ídolo era Rita Moreno, a cantora, dançarina e atriz que ganhou um Oscar por seu papel como Anita no famoso musical *West Side Story*. Devo ter assistido pelo menos umas cem vezes; eu era louca por musicais, um gênero que ainda hoje me enche de entusiasmo. Além disso, Rita Moreno era porto-riquenha, e isso a tornava o modelo perfeito para mim. Resolvi seguir seu exemplo e coloquei toda a minha vida e alma nessa tarefa, combinando um desejo de perfeccionismo com uma autoconfiança inabalável. Não me importava que, na época, pouquíssimas mulheres fossem ao mesmo tempo cantoras, atrizes e dançarinas. Ou que, de onde eu vim, as garotas aspiravam a se tornar professoras ou, no máximo, médicas. Meus pais,

Jennifer Lopez

que queriam que eu me tornasse advogada, ficaram muito irritados quando abandonei a faculdade. Imagine só! Eu seria uma advogada incrível agora, cantando na frente do juiz e do júri! Não, não, estudar Direito não era para mim. Eu tinha um temperamento forte e sempre desafiava meus pais, desde a época em que fugia pela janela para ver David, meu namorado, um rapaz de quem eles realmente não gostavam. Então, mais uma vez, me recusei a ouvir seus discursos e me mudei para morar sozinha. Foi difícil, isso eu posso te garantir. Eu tive que contar cada centavo para pagar minhas despesas, dormia na escola onde estudava artes cênicas e trabalhava meio período como secretária. As viagens de metrô para as audições pareciam intermináveis, mas todas aquelas horas pensando nos trens me fizeram perceber duas coisas: eu só precisava me concentrar nas audições que realmente me interessavam e esquecer rapidamente aquelas em que fui rejeitada. Não havia tempo para chorar por isso. Lentamente, mas seguramente, minha carreira de atriz decolou, embora minha mãe não me levasse a sério até eu atuar ao lado de Robert Redford, seu ator favorito. E ao mesmo tempo, toda a música pop latina com a qual cresci no meu bairro, como salsa, merengue e bachata, se misturou em mim junto com rap, rhythm and blues e dance music. Foi assim que nasceu meu estilo original, o chamado "latin soul". Percorri um longo caminho desde então; fui ficando cada vez melhor, mais e mais famosa e mais rica também. Todos os dias, uma revista ou um programa de TV fala sobre minhas conquistas, seja um filme, um concerto incrível ou uma de minhas músicas no topo das paradas. Eles também falam sobre minha beleza, porque sim, essa é outra área em que estou no topo! Mas essas são conquistas duramente alcançadas. E continuo trabalhando duro por elas, porque nada é entregue a você em uma bandeja de prata. Além disso, sempre pode haver alguém mais talentoso ou mais jovem do que eu pronto para tomar o meu lugar.

Dedique-se, lute pelo que você quer, seja forte e ambiciosa como eu. Adicione uma boa dose de autoconfiança e você terá a receita para o sucesso!

Como você pode ser como a Jennifer? Sempre trabalhe duro, mantenha-se positiva e nunca perca a fé em si mesma.

Shakira

Gantora e compositora

Barranquilla, Colômbia, 1977

Nascida de pai libanês e mãe colombiana, Shakira começou a aprender dança do ventre ainda criança. Ela escreveu sua primeira música aos 9 anos, assinou seu primeiro contrato com uma gravadora e lançou seu álbum de estreia aos 13 anos. Hoje, após inúmeros prêmios, Shakira é uma estrela internacional e a artista colombiana mais famosa do mundo, capaz de misturar elementos árabes e latinos em sua música. Em 2020, mais de cem milhões de pessoas sintonizaram para assistir à sua apresentação com Jennifer Lopez no Super Bowl.

Emma Watson

Atriz e ativista feminista

Paris, França, 1990

A adorada estrela infantil da saga Harry Potter agora é uma defensora da igualdade de gênero.

Eu gosto de aprender. Seja com livros ou com pessoas. Talvez seja porque passei por momentos difíceis quando meus pais se separaram. Eu tinha apenas cinco anos e tive que deixar Paris, a cidade onde nasci, para ir para a Inglaterra com minha mãe. Ela e meu pai fizeram o possível para tornar a separação menos dolorosa, mas eu lidei com isso me dedicando aos estudos e aos esportes. Quando comecei a fazer aulas de teatro em uma escola em Oxford, soube imediatamente que queria ser atriz quando crescesse e me entreguei a isso com ainda mais entusiasmo e dedicação. À medida que minhas habilidades cresciam, eu me dedicava aos roteiros dia e noite para conseguir os melhores papéis nas produções escolares. Em 1999, meu professor me recomendou para uma audição para os produtores da série de filmes *Harry Potter*, que estavam procurando jovens atores para os três personagens principais. Mais uma vez, senti desde o primeiro momento que eu tinha que ser Hermione Granger: eu amava os livros da J.K. Rowling e era aplicada, corajosa, cheia de recursos, leal e sabichona, exatamente como a Hermione! Estudei o papel incansavelmente. Depois da primeira audição, muitas outras se seguiram, e fiquei consumida pela ansiedade. Para acalmar meus nervos, meu pai me deu um osso da sorte. Ainda o tenho, porque os agentes de elenco acabaram escolhendo... Emma Watson! Filmei oito filmes ao longo de dez anos: toda a minha infância foi passada no set, e meus "irmãos" eram Daniel e Rupert, ou seja, Harry e Ron. Cada filme foi um sucesso de bilheteria e, se posso dizer, fomos realmente bons em nossos papéis como os três jovens bruxos. Não vou contar quantas vezes repreendi aqueles dois no camarim porque nunca aprendiam direito suas falas! Gostaria que nossas varinhas fossem realmente mágicas para que eu pudesse lançar um feitiço para melhorar a memória deles! Nesses dez anos, cresci muito, tanto como pessoa quanto como atriz. Sempre me esforcei para manter meus estudos, mesmo que fazer lição de casa no set não fosse fácil. Eu estava determinada a tirar notas altas para poder frequentar uma universidade de prestígio um dia. No fim das contas, mais tarde me formei em literatura inglesa na Brown University, nos Estados Unidos... com honras! Ao mesmo tempo, porém, entendi o poder do meu talento e da minha fama. Estudar, ouvir os outros e me colocar no lugar deles, especialmente quando suas experiências eram diferentes das minhas, me ajudaram a entender onde me

"Não deixe que ninguém lhe diga o que você pode ou não fazer!"

Emma Watson

posicionar e como fazer a minha parte. Além disso, como minha mãe me levava a marchas pelos direitos das mulheres desde criança, sempre defendi o feminismo. Até hoje, me importo pouco em aparecer regularmente em revistas, embora tenha sido a mulher mais jovem a estampar a capa da *Teen Vogue*. Quero falar sobre as questões que me interessam, como a igualdade de gênero e a importância da educação para meninas e mulheres. Lembre-se que "feminismo" não significa que devemos odiar homens, pelo contrário! É um movimento que busca garantir direitos e tratamento iguais para todos, mulheres e homens, em todos os campos, desde a vida cotidiana até a educação e o trabalho. Em 2014, fui nomeada Embaixadora da Boa Vontade e fiz um discurso na ONU para o lançamento da campanha *HeForShe*, onde incentivei homens e meninos a se juntarem ao movimento e desafiarem os estereótipos que também os aprisionam, como nunca chorar, nunca mostrar seus verdadeiros sentimentos em público e desistir de carreiras consideradas "para mulheres". Outra causa pela qual sou apaixonada é o meio ambiente.

Acho que o nosso planeta também tem direitos e que é nossa responsabilidade protegê-lo e respeitá-lo: quando caminho pelo tapete vermelho, só uso roupas de uma marca que se preocupa com o meio ambiente e, no set, incentivo os figurinistas a reciclarem tecidos antigos ou a usarem corantes ecológicos. Depois de Harry Potter, atuei em muitos outros filmes de sucesso, como *A Bela e a Fera* e *Adoráveis Mulheres*. Também fui modelo de grandes marcas, pois a moda é outra coisa pela qual sou profundamente apaixonada. Mas quanto mais trabalho, mais entendo que a fama só faz sentido se for usada para inspirar os outros: quero ser um modelo, não apenas uma boneca bem-vestida e perfeitamente maquiada. Como uma ex-bruxa, acredito fortemente em nossa varinha mágica interior: vamos agitá-la, e então lançar o feitiço "Mudar o mundo!". Você está comigo?

Como você pode ser como a Emma? Coloque energia e comprometimento em suas paixões e ouça os problemas de outras pessoas.

J. K. Rowling

Autora

Yate, Reino Unido, 1965

A "mãe" de Harry Potter e de um incrível universo mágico que encantou milhões de leitores e espectadores começou a contar histórias desde jovem. Quando adulta, J.K. Rowling mostrou que, com sensibilidade, coragem e dedicação aos próprios sonhos, é possível superar a pobreza, a perda de entes queridos e os difíceis desafios que todo aspirante a escritor enfrenta. Hoje, é uma das mulheres mais ricas do mundo e apoia diversas fundações de caridade que ajudam crianças necessitadas.

HeForShe
Movimento Global de Solidariedade da ONU Mulheres pela Igualdade de Gênero
CHEGA DE VIOLÊNCIA CONTRA AS MULHERES
+ INSTRUÇÃO
+ TRABALHO
+ IGUALDADE!!!

Greta Gerwig

Diretora, roteirista e atriz

Sacramento, Estados Unidos, 1983

A garotinha que todos achavam estranha agora é uma rainha do cinema e um ícone feminista.

Minha casa de infância em Sacramento (a cidade que me deu raízes e asas) era um lugar alegre.

Muita gente vinha, com meu pai tocando diferentes instrumentos e minha mãe guardando dezenas de presentes embrulhados em um armário, só para o caso de alguém comemorar o aniversário naquele dia. Não tínhamos TV, então, se ficasse entediada, eu tinha que inventar brincadeiras e imaginar coisas. Talvez seja por isso que cresci um pouco estranha e solitária, mas também quieta e gentil. Gostava de me comportar bem e de seguir as regras. Quando fazia minha lição de casa, sempre esperava que alguém passasse pela janela da sala, olhasse para dentro e visse uma garotinha dedicada e estudiosa. Eu realizava cada tarefa quase obsessivamente. Se eu pudesse, teria dançado quatro horas por dia, sete dias por semana! O mesmo acontecia com a esgrima, um esporte que eu adorava: no final, minha mãe foi obrigada a pôr um fim nisso. Confesso que realmente amava bonecas *Barbie*, tanto que brinquei com elas até os 14 anos. Quanto à escrita, um incidente engraçado me fez perceber que tinha potencial nesse campo. Na sétima série, em uma nova escola, tive um problema enquanto fazia o exame de nivelamento. Eu realmente precisava ir ao banheiro, mas não sabia se podia levantar a mão e pedir para sair. Sem saber o que fazer, acabei fazendo xixi nas calças. Enquanto eu estava lá, apavorada e humilhada, uma garota tirou seu moletom e me entregou, dizendo: "Amarre isso na cintura e vá para a enfermaria". No ano seguinte, um professor pediu à turma que enviasse contribuições para o jornal literário da escola, e escrevi uma história sobre uma garota que fez xixi nas calças na sala de aula. Não me concentrei na vergonha ou na crueldade adolescente, mas na doçura de uma pessoa ajudando outra em um momento que também poderia se transformar em algo engraçado. O professor gostou tanto que o pendurou no quadro de avisos. Foi no ensino médio que descobri o teatro e a interpretação. Devorei poesia e peças de teatro, e comecei a escrever comédias.

> "Gosto de coisas que parecem erros."

Eu até fundei um grupo de improvisação, o *Tea Party Ensemble*. Eu achava que, no mundo do teatro, havia apenas um rei: o dramaturgo, aquele que escreve o roteiro. Ainda acredito que as palavras na página são sagradas, a fonte de onde tudo mais se origina. Por esse motivo, até hoje não permito que meus atores improvisem ou mudem as

Greta Gerwig

falas no set. Nos meus anos de faculdade, não tinha uma ideia clara sobre meu futuro, e acabei me formando em Inglês e Filosofia. Mas continuei com minhas aulas de interpretação, ganhando dinheiro para pagá-las com vários empregos: babá, tutora para exames de vestibular e assistente de palco. Pensei que se me destacasse em muitas áreas, eventualmente encontraria meu caminho. Comecei a conseguir pequenos papéis em filmes *mumblecore*, um subgênero do cinema independente. Os críticos o chamaram de *mumblecore* porque, segundo eles, os atores, sendo amadores, "murmuravam" suas falas. Se você assistir a um desses filmes hoje, perceberá rapidamente seu aspecto caseiro e como foi produzido com muito pouco dinheiro. Mas as histórias eram originais e então também comecei a trabalhar nos roteiros. No set, aprendi a fazer um filme e, pouco a pouco, entendi o que realmente amava: escrever filmes, atuar em filmes, fazer filmes. Hoje, eu escrevo, atuo ou dirijo histórias de amadurecimento. As personagens principais são garotas que estão começando a descobrir como é difícil ser mulher no mundo atual. Tenho um interesse especial por histórias em que as protagonistas não estão necessariamente apaixonadas por alguém, porque acredito que há muito mais a ser dito sobre nós.

Adoro cuidar tanto dos personagens quanto dos atores. No início das filmagens, por exemplo, faço ensaios com eles no meu apartamento e organizo festas de dança desajeitadas. No set, procuro fazê-los se sentir seguros e até estabeleci uma política de proibição de celulares. Isso porque sei o quão desagradável é filmar uma cena emocional e, em seguida, ver alguém ao seu lado rolando o feed do Instagram. Coloco o mesmo empenho na direção: durante a cena do baile em *Lady Bird*, por exemplo, para entrar na mentalidade de uma garota do ensino médio, dirigi a cena usando um vestido de baile. E me vesti de rosa no set de *Barbie* para mostrar como um mundo que parece feito de algodão-doce pode, na verdade, ser revolucionário. Para fazer um filme, é preciso tocar o coração das pessoas. Mas isso só é possível se você colocar autenticidade e coragem no que faz. Sempre com um toque de delicadeza e humor.

**Como você pode ser como a Greta?
Seja espontânea, criativa e sempre adicione um toque de humor.**

Margot Robbie
Atriz e produtora de cinema

Dalby, Austrália, 1990

Margot diz que sempre foi "mais do tipo que rola na lama". Mas ela não era apenas uma criança animada; também era atlética e adorava ginástica. Com apenas oito anos, recebeu um certificado como artista de trapézio de circo. Enquanto estudava interpretação, trabalhou como bartender e faxineira. Interpretar o papel de *Barbie* a fez pensar em sua infância e como adorava passar tempo ao ar livre. "Na verdade, nem sei se eu tinha uma *Barbie*. Eu brincava com as da minha prima". Mas quando ela leu o roteiro de Greta e de seu marido, pensou: "Isso é genial!".

Misty Copeland

Bailarina

Kansas City, Estados Unidos, 1982

A garotinha que começou a dançar tarde, mas se tornou a primeira bailarina negra da história.

O balé nasceu nas cortes italianas do século XVIII, com regras rígidas estabelecidas pelos mestres de dança para as bailarinas: elas precisavam parecer seres etéreos e delicados, como elfos, com pele estritamente branca. E assim foi por séculos. Até que eu apareci. Para ser honesta, quando criança, nunca pensei que seria tão revolucionária. Minha mãe conta que quando eu tinha três ou quatro anos, ela me deu um pequeno tutu. Aparentemente, eu amei tanto que queria usá-lo até para dormir! Talvez porque, mesmo naquela época, eu tinha poucas certezas a que me agarrar. Éramos seis, entre irmãos e irmãs, e nossa mãe mudava de cidades, casas e maridos em uma velocidade vertiginosa, sempre nos levando junto. Sempre vivíamos o presente: tínhamos pouco dinheiro, a comida era escassa, as crianças gritavam o tempo todo, e eu tinha medo de tudo. Eu era tímida e ansiosa. Eu chegava à aula uma hora mais cedo porque a ideia de me atrasar me fazia tremer, e se me faziam uma pergunta durante as aulas eu apenas sussurrava. Porém, eu me esforçava muito para tirar as melhores notas. Não queria decepcionar minha mãe ou os professores. O que me fez me apaixonar pelo movimento foi Nadia Comaneci, a grande ginasta romena que foi a primeira a receber notas perfeitas nas Olimpíadas. Quando eu tinha sete anos, a vi em um programa de TV e, logo depois, descalça no jardim, tentei imitá-la. Foi incrível! Estrelas, paradas de mão e espacates vieram naturalmente para mim, como se eu sempre os tivesse feito. Eu não passava muito tempo em frente à TV. Gostava de brincar sozinha, inventando movimentos e passos para as músicas da Mariah Carey, sem saber que já eram coreografias. Mas ficar sozinha na minha família era quase impossível: acabamos morando em dois quartos de um motel, onde nós, crianças, dormíamos no chão, em camas improvisadas feitas de cobertores e travesseiros. Bem, quando eu tinha cerca de doze anos, queria a todo custo entrar no time de líderes de torcida da escola, porque minha irmã mais velha havia estado nele e minha mãe havia sido líder de torcida. Durante as seleções, devo ter impressionado a treinadora, porque ela me fez capitã. Ela também disse: "Você parece ter um talento para a dança. Uma amiga minha dá aulas gratuitas de balé, por que você não experimenta?". Aceitei por educação, mas meu encontro com Cynthia Bradley e a barra mudaram minha vida para sempre.

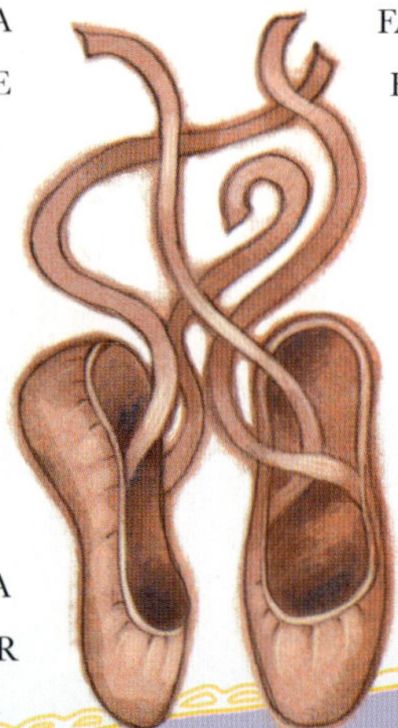

"Posso não ter chegado lá ainda, mas estou mais perto do que ontem."

Desde o início, Cynthia continuava dizendo que eu era um "prodígio". Após apenas oito

Misty Copeland

semanas, eu já estava usando sapatilhas de ponta e, em dois anos, ganhei uma grande competição e me tornei a melhor jovem dançarina de toda Los Angeles! Eu não conseguia acreditar. Comecei tarde, aos treze anos, e minhas colegas de classe não paravam de me olhar com inveja porque tudo vinha naturalmente para mim. Mas mesmo assim, sentia-me uma fracassada. Felizmente, Cynthia estava sempre lá para me apoiar e incentivar. Em determinado momento, minha mãe concordou em me deixar morar na casa da Cynthia para que eu pudesse receber um treinamento adequado de dança e participar de competições. No entanto, mais tarde ela se convenceu de que Cynthia estava tentando me afastar dela e a processou. Foi uma época de muita dor e confusão. Dançar era tudo para mim e eu não suportava deixar nem minha querida professora nem minha mãe. Então, voltei para o motel e comecei a frequentar uma nova escola de balé. Minha carreira foi marcada por conquistas cada vez mais significativas. Quando eu tinha apenas dezenove anos, entrei no *American Ballet Theatre* (ABT), uma das companhias mais prestigiadas dos Estados Unidos, onde artistas como Mikhail Baryshnikov e Paloma Herrera estudaram e trabalharam. Aos vinte anos, eu era membro do corpo de balé, depois solista e, finalmente, aos vinte e cinco, tornei-me primeira bailarina. Foi uma conquista extraordinária: pela primeira vez, uma pessoa afro-americana recebeu esse reconhecimento por parte da imprensa! Sem falar que, com minha altura, curvas acentuadas e músculos bem definidos, eu estava definitivamente longe das bailarinas tipicamente etéreas e esbeltas!

Como você pode ser como a Misty? Não permita que os rótulos que os outros lhe dão definam quem você é.

Eu danço com todo o meu coração, mas também luto para abrir cada vez mais espaço para dançarinos afro-americanos; para acabar com as rígidas regras de peso para bailarinas; e para abrir as portas do maravilhoso mundo do balé, com sua beleza e poesia, para aqueles que não o conhecem ou não podem ser espectadores ou artistas. E se você sonha em pisar em um palco um dia, eu digo: continue dançando! Quem sabe você não será aquela que mudará a história da dança... assim como aquela garotinha tímida que usava um tutu como pijama.

Michaela DePrince
Bailarina

Kenema, Serra, Leoa, 1995

Quando pequena, ela era chamada de "criança demônio" por causa de seu vitiligo. Após a morte de seus pais na guerra, Michaela viveu em um orfanato até ser adotada por uma família americana. Quando foi embora, levou consigo uma foto de uma bailarina que ela encontrou em uma revista e que guardava como um tesouro. Ela começou a fazer aulas de balé aos seis anos e mais tarde ingressou no *Dutch National Ballet* em Amsterdã e no *Boston Ballet* em 2021. Michaela também foi nomeada Embaixadora da Boa Vontade da UNICEF.

Samantha Cristoforetti

Astronauta, piloto da Força Aérea Italiana e engenheira

Milão, Itália, 1977

A garotinha que amava as estrelas e se tornou a primeira mulher na Europa a liderar a Estação Espacial Internacional.

Eu sonhava em fazer parte da tripulação de uma nave espacial desde criança. Eu contemplava o céu estrelado sobre as montanhas, devorava livros de ficção científica e episódios de *Star Trek*, nunca perdia um lançamento do Ônibus Espacial na TV e costumava dizer a mim mesma: "Um dia, vou olhar para a Terra lá de cima!". Mas quando pensei seriamente nisso, não tinha tanta certeza de que conseguiria. Mais do que tudo, queria viajar e explorar o mundo. Aos 16 anos, através de um programa de intercâmbio, fui estudar em Minnesota por um ano. Participei do *Space Camp* e completei uma simulação de missão de 24 horas de ônibus espacial: uma aventura fantástica que me inspirou a estudar Engenharia Mecânica após o ensino médio. Passei um ano em Moscou para minha tese de graduação sobre propulsão espacial. Na verdade, aqui vai uma dica: se você quer se tornar astronauta, aprenda russo. Comecei lendo Harry Potter, pensando que um livro infantil facilitaria as coisas... e agora falo russo fluentemente, especialmente quando se trata de poções e feitiços! Mas o que era realmente mágico para mim, era a capacidade de voar, e não em uma Nimbus 2000. Então, ingressei na Academia da Força Aérea Italiana e me tornei piloto de caça para poder pilotar aeronaves e caças-bombardeiros. Em seguida, obtive outro diploma em Ciências Aeronáuticas e fui promovida a Capitã. Naquela época, descobri que a Agência Espacial Europeia estava procurando astronautas. Candidatei-me imediatamente, embora competir contra 8.500 candidatos fosse um desafio intimidador. Não consigo dizer quantas provas e exames eu fiz e como estava nervosa... Então, eu e outras cinco candidatas fomos escolhidas. Sim! Fui a primeira mulher italiana a se tornar astronauta! Você acha que eu estava pronta para ser lançada no espaço naquele momento? De jeito nenhum! O trabalho de verdade estava só começando: eu ainda tinha que aprender a usar a cápsula *Soyuz*, construída para simulações, para procedimentos de emergência e para tarefas como reparos ou pesquisas especiais que exigissem caminhadas espaciais.

Foram necessários mais cinco anos, alguns dos quais passei em Star City, na Rússia Central, onde até mesmo Yuri Gagarin e Valentina Tereshkova foram treinados. E quando fui designada para a Expedição 42/43 na Estação Espacial Internacional, tive arrepios: estava realmente acontecendo.

> "Nosso corpo é nossa única nave espacial para a vida: é fundamental entender o manual de instruções!"

Samantha Cristoforetti

A ISS é realmente um símbolo de paz. Desenvolvida por 15 países de 3 continentes, sua missão é a pesquisa e exploração espacial pacífica para o benefício de toda a humanidade. Eu mal podia esperar para chegar lá. Antes do lançamento, mantive um diário detalhado dos preparativos e, finalmente, em 23 de novembro de 2014, do Cosmódromo de Baikonur, no Cazaquistão, acenei para a família, instrutores, colegas e...

Como você pode ser como a Samantha? Continue tendo fé no futuro com determinação, coragem e entusiasmo.

... três, dois, um... e a jornada começou! Passei 199 dias lá em cima, estabelecendo o recorde feminino de tempo passado entre as estrelas. Mas o que você faz quando chega lá? Primeiro, depois de um voo de cerca de trinta horas, você começa a flutuar muito, o que é estranho e divertido, mas felizmente a gente se acostuma rapidamente. Depois, deixamos de ser pilotos e nos tornamos cientistas: realizamos experimentos e testes especiais para observar como o corpo e a mente reagem no espaço; se necessário, estudamos as diferentes reações entre homens e mulheres, usamos impressoras 3D para fabricar peças de reposição e, o mais importante, aprendemos a ver nossos colegas como grandes amigos, porque, a 408 km da Terra, se dar bem e cuidar uns dos outros é essencial. Não é fácil fazer xixi em gravidade zero, nem limpar o banheiro. Você sabia que a água que bebemos a bordo é, em grande parte, reciclada da urina? Não se preocupe: ela é muito mais limpa do que a que você bebe na Terra!

Agora que estive lá em cima, posso dizer que todos aqueles anos de estudo valeram a pena assim que me vi dentro da *cúpula* da estação, admirando nosso planeta, um magnífico céu azul acima de mim, enquanto a estação espacial parecia um navio navegando em um mar negro infinito... que sentimento extraordinário! Agora, sou líder da ISS e todos me chamam de AstroSamantha. Tenho um asteroide, uma orquídea e até uma boneca Barbie com meu nome. Mas meu coração ainda bate forte quando olho para as estrelas. E espero que, em breve, quando você tiver a incrível oportunidade de embarcar em um táxi espacial e viajar de um planeta a outro, como acontece apenas nos filmes, olhe para o universo com o mesmo sentimento de admiração.

Fabiola Gianotti
Física e diretora-geral do CERN

Roma, Itália, 1960

Quando criança, Fabiola tocava piano e sonhava em se tornar uma grande bailarina. Ela também estrelou uma série de TV quando era jovem. Uma biografia de Marie Curie a fez se apaixonar pela ciência. Após se formar em Física, ela ingressou no CERN e liderou o experimento que identificou o bóson de Higgs, uma partícula que permite que os componentes fundamentais dos átomos, como elétrons e quarks, tenham massa. Sem o bóson, nosso universo não existiria. E nós também não.

Fei-Fei Li

Cientista da computação

Pequim, China, 1976

A garotinha que amava tecnologia e agora ensina computadores a serem mais humanos.

Meu nome foi inventado por meu pai. No dia em que nasci, ele chegou atrasado ao hospital, não por causa do trânsito ou do trabalho, mas simplesmente porque tinha saído para ouvir o canto dos pássaros e perdido a noção do tempo. Quando ele chegou lá, porém, tinha essa palavra na cabeça: *fēi*, que significa "*voar*" em mandarim. E minha mãe, embora um pouco irritada com ele, gostou tanto que a duplicou para Fei-Fei. Meu pai era assim, uma criança disfarçada de pai. Ele me levava a parques, acomodada em um sidecar de bicicleta que ele mesmo havia construído, para observar borboletas ou capturar pequenos roedores e insetos-pau, que mantínhamos em casa como animais de estimação. Com sua alegria e distração, ele me ensinou a curiosidade. Minha mãe também me deu um desejo insaciável de ampliar meus horizontes, mas através dos livros. Quando eu era pequena, ela me fazia ler clássicos chineses e ocidentais, e, após anos dessas leituras, enquanto caminhava para a escola ou fazia compras, me imaginava nas ruas de paralelepípedos da Inglaterra de Dickens ou a vinte mil léguas submarinas, como um personagem de Júlio Verne. Meus avós me consideravam tão importante quanto um menino, o que era incomum para as famílias chinesas daquela época. Como resultado, de uma criança imaginativa e curiosa, me tornei uma adolescente estudiosa fascinada por tecnologia: em outras palavras, uma nerd. Na verdade, uma *geek*. Eu era uma aluna exemplar. Um dia, porém, ouvi um de meus professores dizendo aos garotos que eles eram "biologicamente mais inteligentes que as garotas e naturalmente melhores em ciências". Fiquei furiosa. Eu já era meio moleca, mas cortei meu cabelo bem curto, parei de usar vestidos bonitos e me joguei no mundo das aeronaves hipersônicas e das ciências aeroespaciais.

"Acredito que o maior poder é o amor e todo tecnólogo deve ter isso em mente."

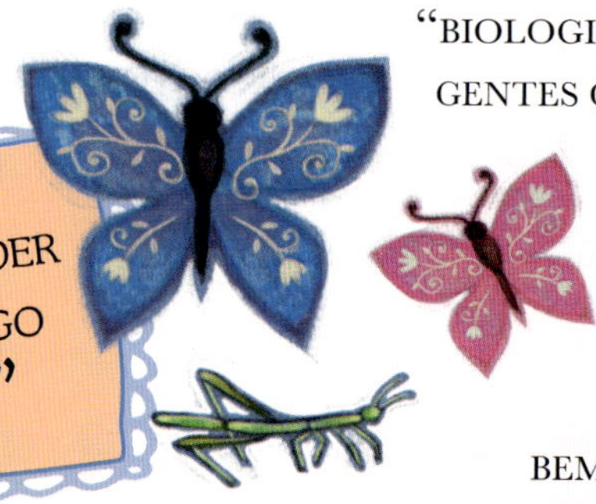

Mudar para a América com minha família aos 16 anos foi um choque enorme: eu tinha acabado de me apaixonar por física, uma matéria que para mim parecia música, e de repente me vi em uma escola americana, mal falando uma palavra de inglês, em um mundo completamente diferente! Tive que estudar três vezes mais do que antes, além de ter que ajudar minha família fazendo pequenos trabalhos no meu tempo livre, porque tínhamos pouco dinheiro e minha mãe estava doente. Trabalhei como garçonete em restaurantes, faxineira e babá de cães (um trabalho que meu doce e infantil pai adorava!).

Fei-Fei Li

Duas coisas me mantiveram firme: descobrir que Einstein também se mudou para os Estados Unidos e se sentiu "em casa" e conhecer um professor de matemática que viu meu potencial (e que também compartilhava minha paixão por Júlio Verne) e começou a me orientar. Sabe, não é preciso quinhentas pessoas para ajudar alguém, uma é suficiente. E serei eternamente grata a ele. No final do ensino médio, eu já não tinha mais dificuldades com os estudos e fui admitida em Princeton, a famosa universidade onde meu ídolo, Einstein, havia lecionado! Era engraçado: durante a semana, eu era uma estudante brilhante em uma universidade renomada, mas nos finais de semana ajudava meus pais na lavanderia deles. Com o incentivo de todos, continuei meus estudos no *Instituto de Tecnologia da Califórnia* e, me dediquei em tempo integral à Inteligência Artificial ou IA, que é o estudo e a criação de sistemas que permitem aos computadores imitarem a complexidade do cérebro humano e dos processos de pensamento. Especificamente, estamos nos esforçando para capacitá-los a ver e reconhecer o que estão vendo. Pense nisso: uma garotinha de três anos olha para um desenho e consegue descrever o que ele representa, mas um computador ainda não consegue. Quando as máquinas puderem ver e trabalhar conosco de maneiras que ainda não conseguimos imaginar, seus olhos incansáveis ajudarão médicos a tratar pacientes, permitirão que carros viajem com segurança e resgatarão pessoas presas ou feridas. Em resumo, nosso objetivo é construir um futuro melhor.

Eu realmente desejo isso. É por isso que luto para garantir que os avanços da IA nunca sejam usados para construir armas. Essa pesquisa deve beneficiar as pessoas, promover a diversidade e a inclusão, não alimentar a guerra. Quando observo as crianças brincando, penso que é maravilhoso ser humano, compreender a beleza de nossos cérebros e corações. Essa é a "humanidade" que precisamos transmitir às máquinas do futuro. Estou mirando alto demais?

Como você pode ser como a Fei-Fei?
Seja uma sonhadora, seja apaixonada, mas nunca esqueça seus princípios.

Mira Murati
Engenheira e pesquisadora
Vlorë, Albânia, 1988

Quando criança, ela amava videogames e matemática, adorava resolver séries infinitas de problemas e competir em Olimpíadas de Matemática. Durante o regime comunista albanês, a feroz competição por oportunidades educacionais alimentou sua determinação em se destacar. Mira se formou em Engenharia Mecânica na América e agora é considerada a "mãe" do ChatGPT, a ferramenta de IA que responde a perguntas dos usuários e processa imagens de forma semelhante à humana.

Claudia Sheinbaum

Política, física, engenheira e pesquisadora

Cidade do México, México, 1962

A garotinha que tinha muitos sonhos agora luta para trazer mudanças reais no mundo.

Por que as pessoas sempre sentem a necessidade de nos rotular? Meus rivais políticos, por exemplo, me chamam de *dama de gelo*, só porque posso ser firme e determinada. Como se isso fosse um defeito! Quando eu era pequena, sempre falávamos de política em casa e de como melhorar as condições de vida das pessoas. Mas também falávamos de arte, cultura e beleza. E, claro, de ciência: meu pai era químico e minha mãe professora de biologia. Nunca perdia minhas aulas de balé ou música (eu tocava bandolim e adorava dançar!) porque sabia que estudar e dedicação eram importantes. Frequentei aulas de balé até ser forçada a escolher um caminho para o meu futuro. Foi então que meu amor pela ciência prevaleceu, embora a política sempre tenha sido uma das minhas maiores paixões. Na faculdade, protestei junto com outros alunos para parar a cobrança de taxas de matrícula, o que teria negado educação àqueles que não podiam pagar por elas. Teria sido um golpe duro para muitas famílias mexicanas. Fui eu quem subiu ao telhado da faculdade para hastear nossa bandeira de protesto e buscar justiça! Então me formei em Física, depois em Engenharia de Energia e, para fazer meu doutorado, fui para a Califórnia, onde estudei a conexão entre energia e mudança climática. Alguns anos depois, no meu país, fui nomeada Secretária do Meio Ambiente. Foi meu primeiro cargo político... e nunca mais olhei para trás! Cheguei a ser presidente do México! Atualmente, lidero projetos relacionados ao uso de energia solar e me empenho em reduzir a poluição criando reservas ecológicas e plantando milhões de árvores.

Também me juntei a uma equipe de cientistas trabalhando nas mudanças climáticas e, juntos, ganhamos o Prêmio Nobel em 2007. Não administro tudo sozinha; conto com a ajuda de quem deseja mudar o mundo. Talvez seja por isso que me tornei a primeira mulher presidente do México e a primeira em toda a América do Norte? Como mulher, cientista e política, digo a vocês que todas as garotas e garotos podem ser o que quiserem. Todos nós merecemos respeito, cuidado e atenção. E sim, é possível ter muitos interesses e paixões diferentes! Não deixe que ninguém a rotule: *você será* o futuro, mas já *é* o presente *agora*.

Como você pode ser como a Claudia? Siga seus ideais e nunca desista de suas paixões.

"Eu digo isso a todas as mulheres do México, companheiras, amigas, irmãs, filhas, mães, avós: vocês não estão sozinhas."

Maria Prymachenko

Pintora e costureira

Bolotnia, Ucrânia, 1909 - 1997

A garotinha com deficiência que se tornou uma artista extraordinária e agora é um ícone da arte naïf.

Durante toda a minha vida, a imaginação foi a luz que me permitiu manter a alegria e superar os momentos difíceis. Nasci em um vilarejo remoto no interior da Ucrânia, mas estive cercada por arte desde jovem: meu pai, um carpinteiro, esculpia cabeças de animais nas cercas que lhe pediam para fazer, e minha mãe era uma renomada professora de bordado. Eles sempre me incentivaram a desenhar. Combine isso com os contos de fadas e canções de ninar que minha avó costumava me contar e os ovos de Páscoa que eu decorava todos os anos com desenhos ucranianos tradicionais, e terá uma criança que não via a hora de "criar" coisas com o que quer que tivesse em mãos. Infelizmente, só frequentei a escola primária porque a poliomielite deixou uma das minhas pernas muito mais curta que a outra, me impedindo de correr ou pular. Eu mancava pela nossa fazenda, tentando desenvolver minha visão e audição. No entanto, foi durante esses anos que aprendi a bordar com agulha e linha, criando meus próprios desenhos. Um dia, enquanto cuidava dos gansos ao longo do rio, cruzei um campo cheio de flores e depois tentei desenhá-lo na margem com um galho. Em seguida, peguei um pouco de lama azulada no meu avental, trouxe para casa e usei como uma lata de tinta para desenhar flores nas paredes e janelas. Todos os vizinhos admiravam meu trabalho e me imploravam: "Pinte alguns para mim também!". Minha imaginação corria solta. Eu olhava para o chão e via um aglomerado de sujeira como um animal estranho ou um homem a cavalo. Eu os esboçava com um lápis, cercados por flores, frutas e folhas, ou os bordava em cores vivas para decorar as camisas e vestidos que fazia para mim.

> "Eu crio pela felicidade das pessoas, para que todas as nações se amem, para que vivam como flores ao redor do mundo."

Anos depois, juntei-me à *Associação de Bordado de Ivankiv*. Um conhecido professor de tecelagem viu meu trabalho no mercado e me convenceu a participar de uma oficina de arte experimental organizada pelo *Museu de Arte Ucraniano de Kiev*. Que época foi aquela! Sob a orientação dos professores, desenhei, bordei, pintei, criei esculturas de cerâmica e obras gráficas. Tudo no meu estilo único, repleto de flores e animais imaginários. Eu nunca tinha visto nenhum animal exótico, então precisava contar com minha imaginação. No final, realizamos uma grande exposição. Meus trabalhos encheram uma sala inteira e foram posteriormente expostos em Moscou, São Petersburgo, Varsóvia e

Maria Prymachenko

Praga. Eles chegaram até Paris, onde Picasso os viu e exclamou: "Me curvo diante do milagre artístico desta brilhante ucraniana!". Para falar a verdade, eu também vi as pinturas dele, em livros, mas achava que ninguém no meu vilarejo as entenderia.

Em Kiev, fiz três cirurgias que me ajudaram a andar melhor. Lá também conheci minha alma gêmea, Vasyl Marynchuk, e tivemos um filho, Fedor. Depois veio a guerra. Vasyl me escreveu da frente de batalha: "Que nosso filho cresça feliz, estou indo para a batalha pela quinta vez hoje", e ele nunca mais voltou. Mudei-me para uma fazenda coletiva com meu filho. Éramos extremamente pobres e sempre que eu pegava um pincel, os outros me acusavam de ficar ociosa em vez de trabalhar duro como eles. Sinceramente, eu tinha muito pouca energia para pintar, então parei de vez. Só muitos anos depois voltei a pintar, começando primeiro com bordados, depois com pequenos esboços e, finalmente, com grandes telas coloridas, repletas de animais fantásticos e títulos que refletiam minha necessidade de poesia e beleza: "*Sob o sol, sobre o mar, uma gaivota alimenta seus filhotes*", "*As galinhas dançam e o pão é arado*", "*O corvo tinha duas esposas e abraçou as duas*". Não sei dizer exatamente quando fiquei famosa, mas posso garantir que nunca quis um centavo pelas minhas pinturas: eu as dava de presente para quem vinha me visitar. Fui reconhecida por todos como uma verdadeira artista, a mais importante da Ucrânia e uma das mais brilhantes da arte naïf, superando até mesmo um mestre como Matisse. Inacreditável! Mesmo tendo ganhado medalhas e prêmios de prestígio, continuei vivendo com meu filho em uma humilde cabana com telhado de palha, criando porcos, galinhas e gansos. Hoje em dia, você pode encontrar meu retrato em moedas, uma rua em Kiev e até mesmo um planeta levam meu nome, e minhas obras são exibidas em museus ou fazem parte de importantes coleções particulares. Aliás, 2009 foi declarado pela UNESCO como "o ano de Maria Prymachenko". De algum lugar lá em cima, me imagino caminhando com minha bengala, cercada por macacos azuis dançando entre morangos, crocodilos verdes cobertos de flores ou pares de cegonhas se encontrando no ar para celebrar o amor. E eu sorrio.

Como você pode ser como a Maria?
Seja gentil, mantenha-se sempre positivo e ofereça um sorriso às pessoas que encontrar.

Sonia Terk Delaunay
Pintora

Odessa, Ucrânia, 1885 - 1979

Sonia foi adotada por seu tio Henri aos onze anos. Quando adulta, mudou-se para Paris, onde se casou com o pintor Robert Delaunay, e juntos fundaram o *simultaneísmo*, um movimento artístico em que os artistas "absorvem" luzes, cores, formas e sons *simultaneamente* da realidade e os canalizam para suas obras. Famosa por suas pinturas com círculos concêntricos coloridos, ela também desenhou têxteis, almofadas, roupas e objetos decorativos inovadores e decididamente modernos. Com sua renomada oficina de decoração, a *Boutique Simultanée*, Sonia buscou eliminar a distinção entre belas-artes e artesanato.

Zaha Hadid

Arquiteta e designer

Bagdá, Iraque, 1950 - Miami, Estados Unidos, 2016

A garotinha encantada pelas formas da natureza que revolucionou a arquitetura contemporânea.

Certa vez, um jornalista escreveu que eu era como a Rainha de Copas de *Alice no País das Maravilhas*, que grita: " Cortem-lhes a cabeça!" para qualquer um que ouse se opor a ela. Mas para se tornar um dos maiores arquitetos do mundo, você precisa de uma personalidade forte. E eu, cujo sobrenome é Hadid, que significa "*ferro*" em árabe, tenho sido resoluta e feroz desde criança. Eu nasci em Bagdá, de pais educados e ricos que amavam música e arte. Nossa casa era decorada com magníficos tapetes persas e móveis italianos caros. Minha mãe, ela mesma artista, me incentivou a criar minhas próprias roupas e móveis para o meu quarto. Eu até me apaixonei por um espelho redondo que tínhamos no banheiro! Eu costumava ler até tarde da noite e adorava matemática: para mim, resolver um problema era tão divertido quanto pegar algumas folhas de papel e desenhar com giz-de-cera. Meus pais e eu viajamos muito. Visitei as mesquitas e os magníficos palácios da minha cidade, além da Itália. Roma, em particular, me impressionou bastante. Um dia, um amigo da família nos mostrou algumas fotos tiradas nos pântanos da Suméria, no sul do Iraque. Convenci meu pai a me levar até lá; eu simplesmente precisava ver as casas flutuantes que as pessoas construíam por lá! Subimos em um barco e navegamos por aqueles pântanos exuberantes. Fiquei encantada com a visão da água, das dunas de areia, dos juncos, da grama, dos pássaros, das casas e das pessoas, todos vivendo e "fluindo" juntos. Foi incrível. Aquela paisagem nunca saiu da minha mente: eu era apenas uma garotinha, mas decidi que me tornaria arquiteta para recriar aquele equilíbrio único entre natureza e pessoas.

> "Você precisa acreditar de verdade não só em si mesmo; você tem que acreditar que o mundo realmente vale seus sacrifícios."

Depois do ensino médio, descobri que não havia mulheres em nossa Faculdade de Arquitetura. Então, estudei Matemática e me formei com honras. Logo em seguida, viajei para Londres para estudar na *Architectural Association School of Architecture*. Não era apenas uma das escolas mais prestigiadas, mas também um ambiente muito criativo, onde professores e alunos projetavam edifícios que não tinham nada a ver com as construções monótonas da época. Um dos meus professores, Elia Zenghelis, afirmava que eu era sua melhor aluna. "Zaha inventou ângulos de 89 graus", brincava ele. Mas era verdade: eu havia descoberto a beleza das linhas diagonais, que podiam criar um espaço novo e dinâmico. Pensei: "O mundo não é um retângulo. Ninguém entra em

Zaha Hadid

um parque e reclama da falta de ângulos retos!”. Zenghelis me contratou em sua prestigiada firma, OMA, em Rotterdam, mas não muito tempo depois abri meu próprio estúdio em Londres, dentro de uma antiga escola. Trabalhei dia e noite, quase não dormia, e participei de uma competição após outra com meus projetos, que eram diferentes de tudo que já existia. Apesar disso, levou muito tempo para que um dos meus projetos fosse construído: mesmo que eu ganhasse as competições, os jurados não me entendiam ou alegavam que meus edifícios eram impossíveis de construir. Eles esperavam “desenhos bonitos” de uma mulher, mas eu não projetava edifícios convencionais. Os meus eram fluidos, elevados, expansivos e giravam em centenas de peças. Eu os preenchia com diagonais e curvas, como objetos naturais em movimento constante. Ao longo da minha carreira, projetei estádios que se assemelham a conchas do mar, casas de ópera que lembram seixos na água, pontes que se movem como os rios abaixo delas, museus incrustados nos corações rochosos das montanhas, arranha-céus que se torcem em direção ao céu e hotéis esculpidos como rendas orientais... E, pouco a pouco, os prêmios começaram a chegar.

Fui a primeira mulher, além de a mais jovem, a receber tanto o Prêmio Pritzker (praticamente o Nobel da arquitetura) quanto o Prêmio Stirling, além da Medalha de Ouro Real. Também sou Dama Comandante da Ordem do Império Britânico e Artista pela Paz da UNESCO. Além disso, fui a primeira arquiteta a usar tecnologia em meus projetos, embora continuasse desenhando meus edifícios à mão: não queria limitar minha criatividade confiando demais em computadores e ferramentas digitais! Também trabalhei como designer, criando cadeiras que pareciam icebergs, mesas que lembravam lava derretida e garfos e facas curvados como ondas do oceano. E moda era a minha outra paixão! Eu desenhava minhas próprias roupas, mas também coleções de roupas e calçados para marcas famosas. Cheguei até a construir uma casa de bonecas com um jardim, concebida como um grande quebra-cabeça que podia ser reorganizado ao gosto de quem brincava. Eu teria adorado isso quando criança.

Como você pode ser como a Zaha? Mostre ao mundo que você vale a pena com coragem, determinação e um toque de firmeza.

Valérie Perrin
Autora e fotógrafa

Remiremont, França, 1967

Durante sua infância, Valérie viveu na exuberante zona rural da Borgonha, onde desenvolveu seu interesse pela natureza e pela escrita. Crescer em um lugar tão belo e pacífico moldou profundamente sua sensibilidade: seu amor pela leitura, sua paixão por flores e sua forte capacidade de ouvir as histórias dos outros, levaram ao nascimento do romance “*Água fresca para as flores*”. Valérie nos ensina a importância de sermos gentis e cuidadosos conosco e com os outros, além de como um livro pode curar nossas feridas.

1
3
2
8
7
10
9
0
4
√36

Simone Biles

Ginasta e defensora da saúde mental

Columbus, Estados Unidos, 1997

A garotinha que costumava escalar tudo se tornou uma campeã mundial e uma defensora dos direitos dos atletas.

Eu mal me lembro de algo dos anos em que vivi com Shanon, minha mãe biológica, exceto que eu comia cereal com água porque não podíamos pagar pelo leite. Eu não tinha um pai. Então, os vizinhos chamaram o serviço social, e eu fui acolhida por uma família adotiva. Lembro disso claramente, embora tivesse apenas três anos de idade. No jardim deles, eu balançava no balanço o mais alto que conseguia e depois dava um mortal para trás, aterrissando de pé na grama. Eu era muito agitada: estava sempre pulando, correndo e fazendo todo tipo de cambalhota. Eu era pequena e delicada, mas você não acreditaria o quão forte eu era! Certa vez, consegui pegar um pirulito de um pote em uma prateleira alta na cozinha. "Como você subiu lá?", perguntou minha mãe adotiva, surpresa. E tem mais: eu era terrivelmente teimosa, um defeito que mais tarde se tornaria uma virtude. Minha vida mudou quando meu avô e sua segunda esposa nos adotaram, a mim e à minha irmãzinha Adria, e nos levaram para Houston para nos dar todo o amor (e comida!) de que precisávamos. Mal sabia eu que lá, com apenas seis anos de idade, eu me apaixonaria perdidamente. A faísca se acendeu durante uma visita escolar a um ginásio. Quando vi as meninas treinando no colchão e na trave, fiquei boquiaberta, fascinada. Eu queria fazer aquilo também! E, quando os instrutores me deixaram tentar, foi a minha vez de deixá-los impressionados: depois de todas as acrobacias que eu fazia em casa,

"Você pode ser baixo ou alto, e seu tipo de corpo não importa porque você pode fazer qualquer coisa."

aqueles movimentos me vieram naturalmente. Então, os donos do ginásio ligaram para o meu avô e o convenceram a me matricular. Em apenas dois anos, eu já estava em nível competitivo e treinando com a grande treinadora Aimee Boorman.

Não tenho vergonha de dizer que fui diagnosticada com TDAH, que significa transtorno de déficit de atenção e hiperatividade, mas isso nunca foi um problema no ginásio. Como mencionei, eu era bastante determinada e, se Aimee me dizia: "Faça cinco mortais", eu fazia dez. Na escola, porém, à medida que meus treinos ficavam mais regulares e intensos, meu desempenho piorou. Meus avós decidiram me deixar estudar em casa para que eu tivesse mais tempo para fazer minha lição de casa. Eu amava ser ginasta! Abençoada com força natural, energia ilimitada e a coragem de um leão, não havia salto perigoso demais para eu tentar, nem objetivo impossível demais para eu perseguir. Comecei a participar de competições juvenis muito cedo e, a partir de 2011, passei para

Simone Biles

as competições seniores. Durante os eventos, eu saltava tão alto, girava tão rápido e aterrissava com tanta confiança após acrobacias ousadas que ofuscava todos os rivais. Ninguém podia me parar! Muitas pessoas me consideram a maior ginasta de todos os tempos, talvez por causa dos meus recordes: sou a atleta com o maior número de medalhas em Campeonatos Mundiais e o maior número de medalhas no geral (37 no total, incluindo 7 medalhas olímpicas e 23 de ouro, com 4 ouros em uma única Olimpíada) e a única mulher a realizar o *Yurchenko double pike*, o salto mais difícil da ginástica. Enquanto isso, eu cresci e me casei com um jogador de futebol americano, mas ainda planejo competir nas próximas Olimpíadas e sonho em liderar a equipe dos Estados Unidos como porta-bandeira. Eu acredito que devemos perseguir nossos sonhos e, mais importante, sonhar grande. Pense em alguém que nunca imaginou que, nem em um milhão de anos, que poderia conquistar tudo isso... mas aqui estou eu. Quando você se dedica, tudo é possível, eu garanto. No entanto, quero que pense em um tópico importante.

Nas Olimpíadas de Tóquio 2021, enfrentei os *twisties*, um tipo de bloqueio mental que afetava minha percepção espacial no ar. Para não correr o risco de me machucar, decidi me retirar da maioria das competições. Isso causou um alvoroço. Mas eu sabia que havia tomado a decisão certa: ao dizer *não*, estava defendendo todos os atletas que enfrentam problemas semelhantes. Você sabe quanta pressão suportamos por anos, antes, durante e depois de cada competição? Levei muito tempo para perceber isso, mas agora sei que, embora eu ame a ginástica, ela não é quem *eu sou*... é o que *eu faço*. Continuarei competindo enquanto puder e enquanto isso me der alegria, mas minha mente e meu corpo valem mais do que qualquer medalha. E às vezes, até mais do que os sonhos mais ousados.

Como você pode ser como a Simone? Seja determinada e ciente de suas habilidades, bem como de seus limites.

Sofia Raffaeli
Ginasta rítmica

Chiaravalle, Itália, 2004

Sofia começou a praticar ginástica artística aos quatro anos de idade e, aos sete, se apaixonou pela ginástica rítmica depois de receber uma fita e uma bola de presente. Apelidada de "*Formiga Atômica*" por sua energia incansável, ela é a primeira italiana a conquistar o ouro individual no Campeonato Mundial, a primeira a conquistar o ouro na Copa do Mundo além de ter a maior pontuação já registrada em uma competição individual internacional. O "*Raffaeli*", um movimento que ela criou, agora faz parte do código de pontos.

Jennifer Hermoso

Jogadora de futebol

Madri, Espanha, 1990

A garotinha que nunca saía sem uma bola agora é um símbolo de igualdade no mundo do futebol.

Eu em Madri, em um bairro de classe trabalhadora. Desde criança, minha brincadeira favorita era com uma bola, mais do que com bonecas ou ursinhos de pelúcia. Em casa, ainda temos vídeos meus engatinhando com uma bola de futebol ao meu lado. Era maior do que eu, mas aprendi a andar com ela. E assim que comecei a correr, meus pés pareciam grudados na bola. Aos cinco anos, eu já não saía de casa sem ela! Acho que me fazia sentir segura: talvez eu pensasse que, se caísse, não me machucaria com a bola ao meu lado. Meu avô foi goleiro do Atlético de Madrid e ficou mais do que feliz em me incentivar. Lembro-me dele me levando ao parque perto de sua casa e me ensinando a jogar. Minha paixão pelo futebol cresceu imensamente, e hoje posso dizer com orgulho que aprendi tudo o que sei com ele, naquele mesmo parque. Como você pode ver, comecei como uma jogadora de rua, assim como milhares de grandes atletas antes de mim, como Pelé e Maradona. Na escola, durante o recreio, eu me juntava aos meninos no pátio, mas sempre voltava para casa furiosa porque eles não me deixavam jogar. Eles inventavam as mesmas desculpas: "Meninas não sabem chutar uma bola, isso é coisa de menino!". Eu me sentia insultada porque era muito melhor do que eles, mas aqueles garotos bobos tinham vergonha de ter uma "garota" no time deles. Então, comecei a jogar sozinha, chutando a bola contra a parede em casa. Eu me sentia um pouco melhor quando meu pai me levava para assistir aos jogos de futebol. Eu ia ao estádio com ele desde que mal conseguia andar. Lembro-me de que ele me segurava nos braços, e eu seguia a bola como se estivesse assistindo a um jogo de pingue-pongue. À medida que cresci, minha paixão pelo futebol se tornou intensa, mas também dolorosa. Por que meus colegas de escola me ofendiam e não queriam que eu jogasse?

"Se quero alguma coisa, vou atrás, não importa quantas vezes eu falhe e bata a cabeça contra a parede."

Com o tempo, o problema piorou. Em um determinado momento, algumas crianças perceberam que eu era muito boa e decidiram me deixar jogar na liga do bairro. Mas assim que os adversários perceberam que poderiam perder se eu entrasse em campo, começaram a zombar de mim e fizeram de tudo para me tirar do torneio. Por fim, meu avô, cansado das minhas reclamações, encontrou um time misto em um bairro no sul de Madri. Sabendo que minha paixão era genuína, ele começou a me levar para os treinos todos os dias, independentemente do clima. Um dia, enquanto eu estava jogando, um

Jennifer Hermoso

homem se aproximou dele. "Sua neta deveria tentar o Atlético", disse ele. Então, em 2005, entrei para o clube mais importante da cidade depois do Real Madrid: meu sonho estava se tornando realidade! No meu primeiro jogo pelo Atlético, marquei um gol. A partir desse momento, comecei a atingir uma meta após a outra como artilheira, chegando a vestir a camisa da seleção espanhola em 2011, aos 21 anos, o mesmo ano em que recebi minha primeira Bola de Prata. Joguei por um tempo em um time sueco e depois voltei à Espanha para jogar pelo Barcelona, a equipe que me trouxe reconhecimento mundial. Em 2023, marquei três gols na Copa do Mundo, levando a seleção espanhola à vitória. Quando levantei o troféu ao céu com minhas companheiras de equipe, senti a mão do meu avô no meu ombro, vi os sorrisos do meu pai e da minha mãe e percebi a alegria de toda a minha família, que sempre torceu por aquela garotinha que vivia agarrada a uma bola, sonhando em se tornar jogadora de futebol.

Se, aos 30 anos, sou a primeira mulher espanhola da história a ser eleita a melhor jogadora de futebol do mundo pela FIFA, e se sou considerada a atacante mais temida em campo, devo isso à minha família e ao apoio que sempre tive em casa. E, claro, à minha equipe. Gerações de mulheres lutaram por uma conquista como essa. Minhas companheiras de equipe e eu realmente fizemos história. Hoje, inúmeras garotas podem seguir o nosso exemplo e não precisam mais convencer os garotos a deixá-las jogar, como nós tivemos que fazer quando éramos jovens. Se você compartilha meu sonho, saiba que se eu aprendi a marcar gols em um campo de bairro, você também pode. Na verdade, tenho certeza de que seu futuro será ainda mais brilhante que o meu! Você sabia que hoje em dia muitos garotos pedem aos pais camisas com o nome de jogadoras?

Como você pode ser como a Jennifer? Não deixe o preconceito te derrubar; use-o como motivação para continuar melhorando.

Alexia Putellas

Jogadora de futebol

Mollet del Vallès, Espanha, 1994

Nascida em uma família de jogadores de basquete, quando criança Alexia praticou basquete, hóquei e tênis. Ela começou a jogar futebol na escola e entrou para um clube aos sete anos. Apesar das dúvidas de sua mãe sobre o futebol feminino, Alexia demonstrou grande talento e, mesmo sendo a mais jovem, foi imediatamente nomeada capitã. Ingressando na seleção espanhola aos dezesseis anos, ela já conquistou duas Bolas de Ouro e é agora considerada uma das melhores jogadoras de futebol do mundo.

Bebe Vio

Esgrimista em cadeira de rodas

Veneza, Itália, 1997

A garota que superou a deficiência, conquistando uma medalha após a outra nas Paralimpíadas.

Minha mãe diz que sou "muito difícil de se lidar", porque sou muito teimosa. Sempre fui assim. Imagine só: enquanto ela fazia as malas para as férias, eu, com apenas dois anos, decidi carregar a maior mala escada abaixo. "Você é muito pequena, não consegue" disse minha mãe, preocupada. Ela ainda não havia percebido o quanto eu era teimosa. Gritei de volta: "Posso fazer o que eu quiser!" e comecei a descer, arrastando a carga pesada atrás de mim. Desnecessário dizer que, caí rolando escada abaixo. Foi então que ela começou a me chamar de "muito difícil de se lidar": basta me dizer que algo é impossível e eu tenho que fazer a todo custo. Aos cinco anos, enquanto vagava por um ginásio na minha cidade natal, entediada com a aula de vôlei que deveria assistir, abri uma porta e vi um grupo de esgrimistas magníficos, vestidos de branco. E então... *bang*, foi amor à primeira vista! Desde o início, eu me saía muito bem com o florete, então decidi que, um dia, iria para as Olimpíadas. Quando gosto de algo, mergulho de cabeça e me esforço para ser a melhor. Isso se aplica também aos Escoteiros, onde rapidamente me tornei líder da patrulha, ao design gráfico, que continua sendo uma das minhas paixões, e, claro, à esgrima. Depois de apenas alguns meses de aulas, parecia algo natural para mim, como se eu tivesse nascido com um florete na mão. Nunca imaginei que algo ruim pudesse me acontecer; já me via no pódio em alguns anos. Mas então... outro impacto, desta vez terrível. Tenho um caso repentino e grave de meningite. Tenho apenas onze anos, e, para salvar minha vida, os médicos precisam amputar minhas pernas até os joelhos e meus braços até os cotovelos. Após quase quatro meses de tratamento e cirurgias, deixo o hospital coberta de cicatrizes, até mesmo no rosto. Um verdadeiro desastre.

> "Meu lema é: não sinta pena de si mesmo, reclamar é inútil."

Mas sabe o que descobri? Eu estava entre os 3% das pessoas que sobrevivem a esse tipo de meningite. Se eu estava viva, então ainda podia competir, certo? Reclamar não me serve de nada; é melhor reagir e agir. Então, eu disse que queria voltar para a esgrima, mas os médicos e técnicos que estavam fazendo minhas próteses reagiram um pouco como minha mãe com relação a mala: "Você não pode, Bebe, aceite isso". A essa altura, você já me conhece. Eu não iria desistir. Foi então que descobri as Paralimpíadas e a esgrima em cadeira de rodas. Não havia como eu ficar de fora disso! Além do mais, na cadeira de rodas você só pode atacar, nunca recuar – do meu ponto de vista, era até melhor do que a esgrima convencional! Graças à minha família

Bebe Vio

maravilhosa, aos especialistas em próteses, aos fisioterapeutas, aos instrutores de esgrima e, acima de tudo, à minha própria teimosia, comecei a competir. Sou a única atleta no mundo que, sem braços, pratica esgrima, mas também sou canhota, o que me torna bastante formidável. Em 2011, conquistei minha primeira competição internacional, o Campeonato Mundial Sub-17. No ano seguinte, entrei para a seleção nacional de Esgrima em Cadeira de Rodas. Inclusive, tive a honra de carregar a tocha nos Jogos Paralímpicos de Londres, e não consigo descrever o orgulho e a alegria que senti!

Adoro riscar itens da minha lista: nas minhas primeiras Paralimpíadas, no Rio de Janeiro em 2016, conquistei a medalha de ouro nas competições individuais e a de bronze no florete por equipes; concluí o ensino médio, entrei na universidade e me formei em Comunicação e Relações Internacionais; escrevi três livros; apresentei dois programas de TV; tirei minha carteira de motorista; dublei um filme de animação; participei das Paralimpíadas de Tóquio 2021 e ganhei uma medalha de ouro individual (após uma infecção por estafilococos que quase exigiu a amputação do que restava do meu braço esquerdo). Além disso, para incentivar crianças com deficiência a praticarem esportes, fundei a associação *art4sport*; um asteroide, o 111571 Bebevio, recebeu meu nome, e uma boneca Barbie foi lançada em minha homenagem!

Todas essas coisas incríveis não aconteceram comigo por acaso ou sorte. Eu tinha sonhos, assim como você. Mas não podemos deixá-los guardados em uma gaveta apenas para olhar de vez em quando: eles precisam se transformar em objetivos. É preciso acreditar de verdade neles, criar um plano de ação e trabalhar com paixão. Meu conselho? Dê vida aos seus sonhos. Você consegue, só precisa ser determinada como eu. E lembre-se: siga sempre em frente, nunca desista!

Como você pode ser como a Bebe?
Enfrente as dificuldades com um sorriso, sem perder a alegria, o otimismo e a determinação.

Henrieta Farkašová - Natália Šubrtová
Esquiadoras alpinas

Rožňava, Eslováquia, 1986 - Kežmarok, Eslováquia, 1989

Confiança significa ter a certeza de que alguém vai nos ajudar e apoiar. Assim como Henrieta, que é cega, desce rapidamente as montanhas esquiando porque sabe que sua guia, Natália, está lá para dizer para onde ir e o que fazer. Natália usa sua voz para guiá-la, e Henrieta confia nela completamente. Desde crianças, ambas amam neve e esqui, e com muito treino e dedicação, tornaram-se campeãs. Elas já conquistaram várias medalhas de ouro nos Jogos Paralímpicos, provando que, com trabalho em equipe e confiança mútua, é possível superar todos os obstáculos. Sua história inspira muitos a nunca desistirem e a seguirem seus sonhos, independentemente dos desafios.

Serena Williams

Jogadora de tênis

Saginaw, Estados Unidos, 1981

A garota afro-americana que transformou o tênis e agora é um símbolo do empoderamento feminino.

O maior sonho do meu pai era ter duas filhas e transformá-las em campeãs de tênis. Antes de minha irmã Venus e eu nascermos, meu pai assistiu a um torneio de tênis na TV e viu que o vencedor havia ganhado quarenta mil dólares! Ele e minha mãe não tinham dinheiro e pouca esperança no futuro, então aquele prêmio acendeu uma chama nele. Ele comprou um par de raquetes de segunda mão, devorou livros e fitas de vídeo sobre tênis, e dedicou seu coração e alma a aprender, junto com minha mãe, esse esporte de homens brancos ricos, decidido a ensiná-lo a duas meninas que ainda nem haviam nascido. O desejo dele se realizou: lá estávamos nós, Venus e eu, nascidas com um ano de diferença. Não sei dizer se sonhava em ser atriz ou qualquer outra coisa quando era pequena; só sei que brincava com bolas de tênis antes mesmo de conseguir andar e, aos quatro anos, já tinha uma raquete nas mãos. A partir desse momento, tudo o que eu pensava era em vencer.

No bairro pobre onde morávamos, as quadras de tênis ficavam em uma área controlada por gangues. Podíamos até mesmo ouvir tiros durante as aulas! Mas meu pai conseguiu se impor diante daqueles jovens encrenqueiros a ponto de eles concordarem em proteger a quadra para que fosse só nossa. Aparecíamos em uma van velha duas vezes por dia, de manhã cedo e depois da escola. Papai trazia um carrinho de compras cheio de bolas de tênis velhas, que comprava em feiras ou recolhia das deixadas perto da quadra. "É preciso mais força para fazer bolas murchas quicarem; vocês vão desenvolver músculos mais fortes", ele nos dizia. E então o treinamento começava. Todos os dias, o ano todo, minha irmã e eu passávamos horas rebatendo centenas de bolas. Em pouco tempo, conseguíamos dar golpes poderosos e chamamos a atenção das pessoas. Duas garotinhas afro-americanas, vestindo camisetas coloridas e com cabelos trançados pela nossa mãe, decorados com contas. Entre dezenas de garotas brancas usando saias brancas impecáveis, nós definitivamente nos destacávamos! No início, o público nos recebia com vaias e risadas, mas logo perceberam que éramos imbatíveis e começaram a torcer por nós. Venus foi a primeira a subir no ranking.

> "O sucesso de cada mulher deveria ser uma inspiração para outra mulher."

Eu ficava feliz pelas vitórias dela, mas também sentia muito ciúme e achava que nunca seria tão boa quanto ela. Nosso pai cultivou entre nós um espírito competitivo que duraria para sempre: na quadra, não éramos irmãs, mas rivais prontas para lutar por cada

Serena Williams

ponto e set. Logo passamos dos torneios juvenis para grandes competições como o Australian Open, Roland Garros, Wimbledon e o US Open, conhecidos coletivamente como Grand Slam. E, claro, as Olimpíadas. Odeio perder e sempre jogo como se minha vida dependesse disso. Rebato as bolas com tanta força que elas passam por cima da rede a 200 quilômetros por hora. Minhas adversárias mal conseguem vê-las, quanto mais acertá-las! Perdi a conta de quantas vezes enfrentei Venus em partidas que marcaram a história do tênis. Era sempre o evento esportivo do ano, com milhares de pessoas vindo assistir a duas irmãs disputando um troféu, empunhando nossas raquetes como metralhadoras. Alguns até acusaram nosso pai, que ainda era um dos nossos técnicos, de manipular nossas partidas para que vencêssemos alternadamente, a fim de manter a paz na família. Claro, isso era completamente falso: preferíamos perder um torneio a vencê-lo de forma desonesta! Minha carreira durou impressionantes vinte e sete anos, um recorde para profissionais desse esporte. Eu realmente mereci o apelido de "A Rainha": conquistei 73 títulos nos torneios mais prestigiados, mais do que qualquer outro tenista, homem ou mulher; venci 23 finais de Grand Slam em simples e 14 em duplas com Venus; ganhei 3 medalhas de ouro olímpicas; fui classificada como número um por 319 semanas e me tornei uma das atletas mais bem remuneradas de todos os tempos.

Como você pode ser como a Serena? Alimente seus sonhos com dedicação. E não se esqueça de lutar contra o preconceito.

Hoje em dia, foco em passar tempo com minhas filhas, mas sinto falta de competir e, quem sabe, talvez volte a jogar algum dia. No entanto, acredito que meu maior feito foi libertar o tênis de velhos preconceitos. Tenho orgulho do meu corpo musculoso, da minha cor de pele e das roupas vibrantes que usava nas quadras. Elas me transformaram em um modelo para mulheres que pensavam que um corpo como o meu era uma desvantagem, e não uma força. Nada mal para uma garota que começou jogando com bolas murchas e raquetes usadas, não é mesmo?

Naomi Osaka
Jogadora de tênis
Osaka, Japão, 1997

Naomi é uma talentosa jogadora de tênis que cresceu nos Estados Unidos. Ela começou a jogar aos três anos, quando seu pai decidiu treiná-la usando o mesmo método que Richard Williams aplicou com suas filhas, Venus e Serena. Naomi ganhou ampla notoriedade em 2018 ao conquistar seu primeiro título de Grand Slam no US Open, derrotando Serena Williams em uma final memorável. Esse sucesso foi seguido por muitas outras vitórias significativas. Naomi também é reconhecida por seu ativismo contra a discriminação. Em 2020, durante o Western & Southern Open, ela optou por se retirar em protesto contra a injustiça racial, o que levou à suspensão do torneio por um dia.

io2

Yusra Mardini

Nadadora olímpica

Damasco, Síria, 1998

A garota que salvou um grupo de migrantes e competiu como campeã nas Olimpíadas.

Como é ser uma das 100 pessoas mais influentes do mundo segundo a *Time* aos 25 anos? Mesmo agora, enquanto estudo em uma universidade na Califórnia e reflito sobre a guerra, o que aconteceu no Mar Egeu e depois nas Olimpíadas, tudo ainda parece tão irreal... Minha história começa em Damasco, na Síria, a bela e histórica cidade onde nasci. Meu pai, um ex-campeão de natação, trabalhava como instrutor, e minha irmã Sarah e eu aprendemos a nadar antes mesmo de conseguirmos andar. Papai era nosso orgulhoso treinador, sempre nos incentivando a sonhar com as Olimpíadas. Minha rotina depois da escola consistia em horas de treino de natação e exercícios para fortalecer os músculos. Meu ídolo era o americano Michael Phelps. Acho que ele é o maior nadador da história! Aos doze anos, eu já fazia parte da equipe nacional da Síria e competia com sucesso em vários eventos. Sarah, por outro lado, teve problemas no ombro e não queria mais nadar. Mas não era fácil ir contra meu pai e os sonhos que ele tinha para nós. Esses sonhos, na verdade, haviam se tornado meus: tudo o que eu pensava era em me classificar para a Rio 2016. Então, a guerra civil na Síria mudou tudo. Casas, escolas e hospitais foram bombardeados por rebeldes armados. Mal sobrevivemos ao ataque que destruiu nossa casa, e perdemos tudo o que tínhamos! No início, tentamos continuar levando uma vida normal, mesmo sabendo de amigos que estavam sendo mortos e outros que haviam fugido para o exterior. Então, uma bomba caiu na piscina onde eu treinava, a poucos passos de mim. Por um milagre, ela não explodiu, mas isso foi suficiente para convencer meu pai de que também

"Ninguém sabe o quão forte pode ser até que chegue a sua vez de lidar com a tragédia."

precisávamos partir. Já não estávamos seguros na Síria. Sarah e eu fomos as primeiras a partir, sozinhas e assustadas. Voamos para a Turquia e pagamos uma quantia enorme para os chamados "contrabandistas" nos colocarem em um bote inflável velho e desgastado, que supostamente nos levaria até a ilha de Lesbos, na Grécia. O bote, projetado para no máximo seis ou sete pessoas, acabou abrigando vinte de nós, incluindo algumas crianças pequenas.

As coisas deram errado desde o início. Éramos muitos a bordo e o mar estava agitado. Quando o motor parou de funcionar de repente, o bote inflável começou a encher de água. A costa grega, nossa salvação, estava a cerca de cinco quilômetros, mas como poderíamos alcançá-la? Do grupo, apenas Sarah, eu e mais duas

Yusra Mardini

pessoas sabíamos nadar. Minha irmã amarrou-se a uma corda e pulou na água. "Vou aliviar o peso!" gritou ela. Eu pulei logo atrás dela. Agarradas às cordas, lutávamos para manter a proa daquele naufrágio apontada na direção do nosso destino, tentando rebocá-lo o melhor que podíamos. Após três horas e meia, estávamos congelando e completamente exaustas. As pessoas a bordo tentaram chamar a guarda costeira, mas ninguém veio nos resgatar. Era o fim, para todos. Justo quando eu estava prestes a fechar os olhos e desistir, o motor do bote voltou a funcionar.

Anos se passaram desde aquela noite. Mesmo agora, quando penso nisso, ainda consigo sentir a água salgada queimando minha garganta e minha energia se esvaindo. Então me lembro da longa jornada que fizemos para chegar à Alemanha e buscar asilo, dos meus pais se reunindo conosco em segurança pouco depois, do treinador alemão que me deu a chance de nadar novamente, dos jornais e TVs ao redor do mundo que falaram de Sarah e de mim como heroínas, e digo a mim mesma: tive sorte de sobreviver. A natação me salvou.

Como você pode ser como a Yusra? Tenha fé em suas habilidades e nunca se renda aos desafios.

Na verdade, cheguei às Olimpíadas como parte da Equipe de Refugiados. Queria competir pela Síria, não porque o Comitê Olímpico sentisse pena de pessoas como eu, mas porque percebi que conquistei meu lugar naquela competição com muito esforço. Não devo me envergonhar de ser refugiada. Guerras, fome e perseguições forçam pessoas comuns a deixarem para trás tudo o que lhes é querido, arriscando suas vidas por paz e segurança. Então eu precisava nadar e vencer, por aqueles que não sobreviveram. Sabia que eu encontrei Michael Phelps na Vila Olímpica? Mas nem tive coragem de pedir um autógrafo! Também fui para Tóquio em 2021, onde tive a honra de ser porta-bandeira da Equipe de Refugiados. E não, não vou contar sobre medalhas porque não ganhei nenhuma, mas dei o meu melhor, e isso é o que importa. Mesmo assim, estou orgulhosa. Minha "medalha de ouro" é estar viva, ter salvado outras vidas e me tornar uma voz para todos os refugiados. E poder dizer àqueles que estão fugindo da guerra: "Nunca desistam. Vocês têm um futuro a perseguir."

Nikki Hamblin - Abbey D'Agostino

Corredoras de meia-distância

Dorchester, Reino Unido, 1988 - Topsfield, Estados Unidos, 1992

Nas Olimpíadas de 2016 no Rio, durante uma corrida, as atletas Nikki Hamblin e Abbey D'Agostino caíram por volta dos 3.000 metros da prova. D'Agostino foi a primeira a se levantar e ajudou Hamblin a ficar de pé, encorajando-a a continuar. Pouco depois, D'Agostino caiu novamente devido a uma lesão no tornozelo, mas Hamblin permaneceu ao seu lado, incentivando-a a seguir em frente. Ambas as atletas terminaram a corrida, com D'Agostino visivelmente mancando. Por esse ato de apoio mútuo, elas receberam o prestigiado *Fair Play Award* do *International Fair Play Committee*. O verdadeiro espírito do esporte vai além da competição: envolve solidariedade e respeito mútuo.

Malala Yousafzai

Ativista e blogueira

Mingora, Paquistão, 1997

A garota corajosa que amava estudar mais do que qualquer outra coisa e agora luta pelos direitos daqueles que não têm voz.

Nasci no Vale do Swat, no Paquistão: um lugar mágico, com prados verdes, montanhas altas cobertas de neve e grandes lagos azuis. Outrora, apenas o canto dos pássaros rompia o silêncio pacífico. Então, o Talibã chegou e impôs uma interpretação rígida do Alcorão. Eles ocuparam Swat em meio ao ruído aterrorizante de armas e explosões. Proibiram a música, confinaram as mulheres em suas casas e nos proibiram, garotas, de estudar: queriam que fôssemos submissas e silenciosas. Eles chegaram a até mesmo bombardear escolas para impedir a educação, pois acreditavam que ela era perigosa e poderia levar à rebeldia. Um novo silêncio tomou conta do vale. Em sua maioria, as pessoas obedeciam ao Talibã, pois quem quebrava suas regras era punido com a morte. Apenas alguns, como meu pai, Ziauddin, ousaram enfrentá-los.

Um dia, a rádio britânica BBC anunciou que procurava garotas dispostas a blogar sobre a vida em Swat. Meu pai me contou sobre isso. Eu tinha apenas onze anos, mas concordei em participar, protegida pelo pseudônimo Gul Makai. Meu primeiro post começou assim: *"Ontem tive um sonho terrível com helicópteros militares e o Talibã. Minha mãe me preparou o café da manhã e eu fui para a escola. Estava com medo de ir porque o Talibã havia emitido um decreto proibindo todas as meninas de frequentarem as escolas. Apenas 11 alunas compareceram à aula de um total de 27."*

Também escrevi: *"Se a nova geração não receber canetas, os terroristas lhes darão armas."* Ou descrevia como a diretora nos fazia esconder os livros sob nossos véus e assistir às aulas sem uniformes para evitar sermos descobertas. Escrevi sobre meus medos como se estivesse registrando tudo em meu diário. Muitas pessoas, até mesmo fora do Paquistão, começaram a acompanhar o blog. Eu não me sentia corajosa ou especial, apenas sabia que estudar era um direito que precisava ser defendido, por mim, por minhas colegas e por crianças em todos os lugares. Eu precisava, e queria, fazer minha voz ser ouvida. Como meu pai continuava com seu ativismo, começamos a receber ameaças de morte. No entanto, ninguém acreditava que o Talibã faria mal a uma garotinha. Até que alguém revelou meu verdadeiro nome. Em 9 de outubro de 2012, um homem usando uma máscara de esqui entrou no meu ônibus escolar e atirou na minha cabeça. Fui transportada de helicóptero para a Inglaterra, para um hospital especializado em tratar soldados feridos em guerra.

"Uma criança, um professor, um livro, uma caneta podem mudar o mundo."

Malala Yousafzai

Minha história ganhou repercussão mundial, e muitas pessoas, incluindo o presidente Barack Obama, a Rainha Elizabeth II e Madonna, expressaram sua indignação. No Paquistão, protestos eclodiram, levando à publicação da primeira lei de educação. Ao atirar em mim, o Talibã conseguiu exatamente o oposto do que queria! No hospital, passei por várias cirurgias, mas parei de ter medo e comecei a me sentir cheia de coragem e força. Superei tudo isso mais determinada do que nunca: eu precisava continuar lutando. Desde então, recebi diversos reconhecimentos. Sou a pessoa mais jovem a ganhar o Prêmio Nobel da Paz.
Em meu discurso em Estocolmo, durante a cerimônia, dediquei o prêmio às "crianças assustadas que querem paz... às crianças sem voz que desejam mudanças". Hoje, faço discursos em diversos lugares, luto para abrir escolas e fundações e realizo campanhas para destacar os problemas enfrentados por crianças refugiadas e por todos os menores cujos direitos são violados. Infelizmente, a luta contra aqueles que querem nos manter ignorantes e silenciosos está longe de terminar. Sabia que, no Paquistão, após o lançamento do meu livro "*Eu Sou Malala*", algumas associações de escolas particulares instituíram o dia "*Eu Não Sou Malala*", porque consideram o que escrevi como anti-islâmico e anti-paquistanês? Mas não vou me calar, e espero que outros sigam o mesmo caminho. É por meio da educação e de uma mente aberta que podemos crescer e melhorar. Nesse meio tempo, me formei em Filosofia, Política e Economia pela Universidade de Oxford e me casei. Também voltei ao Paquistão, onde fiquei imensamente feliz em visitar novamente minha cidade e seu belo vale. Quanto ao homem que atirou em mim, acredito que o perdão é a melhor vingança, e eu o perdoei. Penso que, se ele tivesse recebido uma educação livre de censura ou ideologias, saberia que me atacar era errado. Por isso, sonho com um mundo onde até mesmo as crianças e os descendentes de extremistas tenham liberdade para estudar: assim, ninguém ficará em silêncio e nossas vidas poderão mudar.

Como você pode ser como a Malala? Não tenha medo de defender suas crenças e nunca se cale diante da injustiça.

Andria Zafirakou
Professora de Artes e Têxteis

Londres, Reino Unido, 1978

De origem greco-cipriota, mas nascida em Londres, Andria ensina educação artística em um bairro onde convivem mais de 130 etnias diferentes. Seu objetivo é melhorar a vida de alunos carentes por meio da arte. Para se comunicar com seus alunos e ganhar a confiança de suas famílias, ela aprendeu mais de 35 idiomas em nível básico. Como resultado, ganhou o Global Teacher Prize em 2018, uma espécie de Prêmio Nobel para professores que têm um impacto muito significativo na educação.

Marjane Satrapi

Romancista gráfica, diretora e roteirista

Rasht, Irã, 1969

A garota que adorava desenhar agora é um símbolo de liberdade graças aos seus romances gráficos.

"Minha vida é sobre a busca, não sobre ficar confortável. Eu gosto do caos."

Eu sempre quis contar histórias. Quando era pequena, costumava inventar muitas mentiras! Claro que era repreendida por isso; as pessoas não entendiam que eu apenas tinha uma imaginação muito fértil. Mas eu não gostava de contos de fadas e achava os quadrinhos entediantes. Preferia livros como "*O Morro dos Ventos Uivantes*", de Emily Brontë, ou filmes de Ingmar Bergman.

Minha mãe queria que eu me tornasse uma mulher independente, então costumava me contar sobre a vida de Marie Curie. Minha avó me ensinou a ser honesta e a distinguir entre o certo e o errado por meio de histórias da família. Meu avô e meu tio haviam sido condenados à morte por suas crenças. Meu pai, um homem culto e progressista, me explicou que o Irã tinha passado de mal a pior: da ditadura da monarquia para outra forma de ditadura, a dos fundamentalistas islâmicos. Eles impuseram uma longa série de proibições e leis rígidas, fecharam universidades para reescrever todos os livros didáticos e obrigaram mulheres e garotas a usarem véus. Roupas modernas foram proibidas. Era difícil se opor a eles: quem o fazia era punido com prisão, chicotadas e até mesmo a morte! Como se isso não bastasse, entramos em guerra com o Iraque, um conflito que duraria dez anos e tiraria mais de um milhão de vidas. Jovens eram enviados para lutar, convencidos pelo regime de que morrer como mártires era uma grande honra. Em Teerã, onde morávamos, bombas explodiam constantemente. Corríamos para abrigos subterrâneos, esperando sobreviver, mas muitos de nossos amigos e parentes não tiveram a mesma sorte.

Enquanto isso, eu havia me tornado uma adolescente inquieta. Respondia aos professores, desenhava caricaturas deles para fazer meus colegas rirem, ouvia música punk e usava jaquetas jeans e sapatos de marcas americanas. Um dia, quase fui presa, então meus pais me mandaram para a Áustria para me proteger. Meus quatro anos em Viena foram os mais difíceis da minha vida. Sozinha, sem a orientação dos meus pais, fui alvo de insultos de adultos por ser iraniana (o que, para eles, significava ignorante e presa ao passado) e de crueldades dos meus colegas, que me achavam "estranha" porque eu não me vestia como eles. Eu ia bem na escola, especialmente em matemática, e continuei desenhando e pintando. Amava arte desde que vi uma pintura de Picasso em Madri, quando tinha nove anos, mas nunca imaginei que me tornaria uma artista no futuro. Eu só estava tentando

Marjane Satrapi

me encaixar e esquecer a guerra no meu país. Mas não consegui, e isso me levou a uma crise profunda. Quando descobri que meu namorado vienense havia me traído, foi a gota d'água. Acabei vivendo nas ruas, sobrevivendo com restos de comida. Pouco depois, fui levada às pressas ao hospital com uma bronquite aguda que quase me matou. Então, voltei para casa. Nos anos seguintes, me formei em Comunicação Visual e me casei. Mas eu era muito diferente, e era impossível levar uma vida livre no Irã. Acabei me divorciando e encontrei refúgio em Paris, onde vivo até hoje.

Foi em Paris que comecei a desenhar o romance gráfico "*Persépolis*". Sempre achei que histórias em quadrinhos fossem para crianças, mas então li *Maus*, de Art Spiegelman, uma obra-prima sobre o Holocausto, e percebi que esse era o meio certo para mim. Eu podia mostrar o verdadeiro Irã, compartilhar sua história e cultura sem preconceitos, e contar a história da menina, adolescente e mulher que eu fui. Além disso, poderia me opor aos fundamentalistas islâmicos com os valores que absorvi da minha avó, do meu pai e da minha mãe. "*Persépolis*" foi um grande sucesso, traduzido para mais de vinte e cinco idiomas. Mais tarde, foi adaptado para um filme de animação, que foi indicado ao Oscar em 2008. Nunca faço planos para o futuro. No momento, trabalho em videoclipes, escrevo para rádio e TV, além de atuar como diretora. Como adoro correr riscos e me meter em confusões, estou sempre aprendendo coisas novas. No fim, acabei fazendo um filme sobre Madame Curie e seu marido, Paul, um casal incrivelmente moderno: não há muitos homens como ele, que lutariam para que suas esposas tivessem as mesmas oportunidades de carreira! O que me inspira? Os jovens ativistas no Irã, eles são tão corajosos! O Irã está passando por um momento histórico único, pois as pessoas finalmente perceberam que a base da democracia é a igualdade entre homens e mulheres. E eu, como esteta, considero a coragem desses homens e mulheres a forma mais pura de beleza.

Como você pode ser como a Marjane? Seja honesta e expresse seu talento sem ter medo de arriscar.

Rupi Kaur
Poeta, autora e ilustradora
Punjab, Índia, 1992

Rupi vive no Canadá desde os três anos de idade. Ela herdou o amor pela poesia de seu pai e o talento para a pintura de sua mãe. Durante anos, não conseguiu falar, traumatizada pela mudança de Punjab para o Canadá. Em seus poemas, escritos de forma simples e concisa, ela aborda temas como bullying, racismo, amor e feminilidade. Rupi ganhou notoriedade ao publicar fotos com poemas no Instagram, mas hoje também é reconhecida por seus livros, que ajudaram novas gerações a descobrir e amar a poesia.

Persépolis 1
Persépolis 2
MARJANE SATRAPI
Persépolis 3
Persépolis 4

Elena Reygadas

Chef e empresária

Cidade do México, México, 1976

A garota que fazia bolos para seus colegas de escola e agora é uma das melhores chefs do mundo.

A comida é uma ferramenta poderosa. Aprendi isso na casa onde cresci, sempre repleta de aromas e sabores variados. Minha mãe veio de uma família grande e adorava reunir parentes e amigos ao redor da mesa. Cada celebração era uma oportunidade para as mulheres da família se juntarem e prepararem uma refeição. Eu estava lá, absorvendo tudo como uma esponja. No Natal, minha avó fazia *rompope*, uma bebida semelhante ao *eggnog*, e eu tinha uma tarefa muito importante: mexê-lo com a colher! Meu pai sempre foi um amante da comida, especialmente de pratos exóticos, e me incentivava a experimentar de tudo. Quando viajávamos, sempre levávamos *puerquitos de piloncillo*, um pão doce tradicional em forma de porquinhos, que ainda faço na minha padaria até hoje. Resumindo, eu era o tipo de criança que fazia bolos para festas de aniversário ou perguntava aos colegas de classe qual tipo de massa eles preferiam quando os convidava para comer. Um dia, na casa da minha amiga Ana, fiquei chateada porque a mãe dela não me deixou usar o forno ou as facas. Voltei para casa chorando e disse: "Eu só queria fazer merengues, por que ela não me deixou?" "Bem, geralmente garotinhas de nove anos não cozinham nem manuseiam facas", respondeu minha mãe. Eu não podia acreditar! Foi só depois de me formar em Literatura Inglesa que percebi que cozinhar era minha verdadeira vocação. Trabalhei em um museu e, frequentemente, cozinhava para as festas organizadas pelo diretor. Também ajudava meu irmão, que é cineasta, preparando refeições para sua equipe. Então, após fazer um curso intensivo no *French Culinary Institute*, em Nova York, fui para Londres trabalhar sob a orientação do chef italiano Giorgio Locatelli. Com ele, aprendi a amar a massa caseira e a cozinha italiana. Mas, quando Lea, minha primeira filha, nasceu, achei difícil conciliar a maternidade com a vida de chef. Então, voltei para o México e comecei a organizar jantares privados para amigos e conhecidos.

"Cozinhar é a maneira mais poderosa que tenho de defender aquilo em que acredito."

Então nasceu a Julieta, e eu decidi que queria ter meu próprio restaurante. Com duas crianças pequenas, seria um verdadeiro desafio, já que trabalhar em um restaurante significa começar cedo e terminar tarde. Mas eu estava determinada a recriar a atmosfera da minha infância: aquelas longas mesas repletas de amigos reunidos ao redor de comida deliciosa. Meu restaurante, Rosetta, foi tão bem-sucedido que, pouco depois, abri também a Panadería, onde fazia apenas pães. Em seguida,

Elena Reygadas

continuei abrindo mais restaurantes. Queria apresentar a todos os ingredientes tradicionais mexicanos, o pão de fermentação natural e os muitos produtos únicos da minha terra. Como chef, sentia que tinha o dever de apoiar pequenos agricultores locais e práticas de cultivo sustentáveis. Em 2014, recebi o prêmio *Veuve Clicquot* de Melhor Chef Mulher da América Latina. E, em 2023, fui homenageada com um dos prêmios mais prestigiados da minha área: fui nomeada a Melhor Chef Mulher do Mundo! Entre um prêmio e outro, no entanto, refleti sobre o fato de que, em nossa sociedade, garotas ajudam suas mães e avós na cozinha, mas raramente são incentivadas a se tornarem chefs; no máximo, podem aspirar a ser confeiteiras. Já os garotos são enviados para as melhores escolas de culinária, como se a arte da gastronomia fosse um campo exclusivamente masculino. Isso é um absurdo, não é mesmo? Por isso, criei uma bolsa de estudos para apoiar todas as jovens que desejam se tornar chefs. Essa carreira exige dinheiro, não apenas para pagar as, geralmente, muito caras escolas de culinária, mas também para cobrir os custos enquanto estão longe de casa, como a compra de materiais e ingredientes necessários.

Todo ano, recebo centenas de inscrições, e muitas jovens já estão trabalhando em restaurantes de excelência. Além disso, como mãe e chef, faço o possível para apoiar minhas funcionárias que têm filhos. Pensando nas muitas mulheres que me veem como um modelo, também publiquei um livro de memórias e receitas, explicando como e por que uso certos ingredientes. Convidei alguns chefs famosos para colaborar comigo nos *Cuadernos*. Trata-se de pequenos escritos que os clientes dos meus restaurantes podem levar para casa, ler com calma e aprender mais sobre gastronomia, refletindo sobre a sociedade, o meio ambiente e a cultura relacionada à comida.

Como disse, a comida é uma ferramenta poderosa: para manter a saúde, passar tempo com quem amamos e criar laços, conhecer nossas raízes ou as de outros, e respeitar o planeta. Tenho plena certeza de que até mesmo um chef, em meio às panelas e ao caos de sua cozinha, pode fazer a diferença.

Como você pode ser como a Elena? Lembre-se de que a comida pode unir as pessoas e facilitar o entendimento cultural.

Louise Mabulo

Chef, empresária e ativista ambiental

Manila, Filipinas, 1998

Suas memórias culinárias remontam à época em que, aos cinco anos, cozinhava pratos em seu forno de brinquedo. Após sua cidade ser atingida por um tufão que destruiu 80% das terras agrícolas em 2016, ela fundou o *The Cacao Project*, para promover o cultivo de cacau nas Filipinas e oferecer cursos de agricultura sustentável para os agricultores. Em 2019, ela também recebeu o prêmio *Champion of the Earth*, concedido pelas Nações Unidas.

Ellen MacArthur

Velejadora

Whatstandwell, Reino Unido, 1976

A garota que amava o mar e agora promove a economia circular.

Do mar, aprendi a valorizar nosso planeta, a respeitá-lo e a não desperdiçar seus recursos, mas a reciclá-los. Porém, quando realmente penso sobre isso, foi meu pai quem primeiro me ensinou a importância de consertar itens antigos ou transformá-los para lhes dar vida nova. Morávamos em uma fazenda em Derbyshire. Quando criança, eu era uma grande exploradora: escalava árvores, vagava pelos campos e bosques, e me deitava na grama sonhando com mundos fantásticos onde eu era a personagem principal. Durante os passeios em família, meu pai e eu procurávamos cavernas ou construíamos abrigos, e ele me mostrava como afiar facas em pedras e quais plantas eram comestíveis. Eu também o acompanhava a feiras agrícolas (eram tão divertidas!), onde ele comprava ferramentas e máquinas usadas para consertar ou reciclar. Minha mãe resmungava: "Enchemos o caminhão de coisas, e nunca se sabe o que vai sair disso!". Mas meu pai sabia o que fazia: ele até construiu um carrinho de rolimã para mim, usando um cortador de grama velho! O ponto de virada, no entanto, veio com uma viagem pela costa no *Cabaret*, o barco da minha tia Thea.

"Quando somos crianças, tudo é possível. O desafio, muitas vezes, é manter essa visão à medida que crescemos."

Nunca vou esquecer aquela sensação de liberdade, cercada por ondas, céu e estrelas! Eu tinha apenas quatro anos, mas prometi a mim mesma que passaria a minha vida no mar. E foi exatamente o que fiz. Mesmo na escola primária, eu lia apenas livros sobre o mar ou revistas de navegação. Devorei a série "*Swallows and Amazons*", onde um grupo de crianças competia em dois barcos rivais. Tinha de tudo: vela, acampamento, pesca, exploração e pirataria – o meu sonho! Comecei a economizar todo o dinheiro que me davam para comprar um barco. Você acredita que, aos oito anos, comprei um pequeno barco de madeira? Ele tinha quase dois metros e meio de comprimento, e eu o mantinha ancorado no lago dos vizinhos. Tivemos tantas aventuras juntos: eu, o barco e meu amado cachorro, Mac! No verão, eu nunca perdia a viagem no *Cabaret* da tia Thea e continuava economizando porque queria um barco de verdade. Comecei a fazer aulas de vela para crianças e a guardar o dinheiro do lanche da escola em vez de gastá-lo. Para atingir meu objetivo, me alimentava apenas de feijão e batatas, que eram muito baratos. Depois de vender o barco pequeno, comprei um outro, um pouco maior, que eu

Ellen MacArthur

mesma reformei, e velejei com ele por dois verões inteiros, melhorando cada vez mais. O mar já havia conquistado meu coração, embora após uma visita organizada pela minha escola à uma clínica veterinária, eu tenha começado a querer ser veterinária. Aos dezessete anos, me deparei com um pequeno e desgastado iate de dezoito metros. Foi amor à primeira vista. Comprei-o, trabalhei dia e noite para reformá-lo, batizei-o de *Iduna*, em homenagem à deusa nórdica da juventude eterna, e fiz minha primeira circunavegação solo pela Inglaterra! No meu tempo livre, comecei a dar aulas na escola náutica que havia frequentado. O dono, David King, tinha sido meu maravilhoso instrutor. Foi ele quem, sem que eu soubesse, me inscreveu no concurso de Marinheiro do Ano. E adivinhe quem ganhou? Eu, é claro! Esse sucesso incrível me fez perceber que o mar era realmente o meu caminho. Aos 24 anos, fiquei em segundo lugar na corrida solo ao redor do mundo, sendo a participante mais jovem. Em 2005, estabeleci o recorde mundial de circunavegação solo do globo, uma conquista pela qual recebi muitas honrarias. Alguns anos depois, foi novamente o mar que me mostrou um novo caminho a seguir. Enquanto navegava certa noite, perguntei a mim mesma: "Por que tento economizar água potável e suprimentos de comida a bordo para não ficar sem nada, conserto as velas e reutilizo tudo o que posso, mas não faço o mesmo em terra?". Naquele momento, percebi que nós, seres humanos, tratamos o planeta como se seus recursos fossem infinitos. Mas eles não são.

Determinada a fazer a diferença, deixei as regatas e fundei a *Ellen MacArthur Foundation* para apoiar a economia circular, um sistema que se concentra na reciclagem de recursos e no reaproveitamento ou reparo de materiais e equipamentos existentes. Todos nós, adultos, adolescentes e crianças, precisamos pensar no futuro o tempo todo, proteger o mundo em que vivemos e cuidar dele. É como viver em um lindo barco, onde os suprimentos são valiosos e nada é desperdiçado. Minha tarefa agora é estar no leme e liderar pelo exemplo.

Como você pode ser como a Ellen?
Respeite o meio ambiente e não se esqueça de que os recursos da Terra não são infinitos.

Zara Rutherford
Aviadora

Bruxelas, Bélgica, 2002

Filha de dois aviadores, Zara embarcou em um avião pela primeira vez com apenas alguns meses de vida e começou a ter aulas de pilotagem aos quatorze anos. Ela é a piloto mais jovem da história a ter voado sozinha ao redor do mundo em uma aeronave ultraleve. Zara estudou matemática, economia e física, e deseja encorajar todas as garotas a seguirem carreiras nas áreas científicas. Ela também sonha em ir além do céu, para o espaço... como astronauta!

Linha do tempo

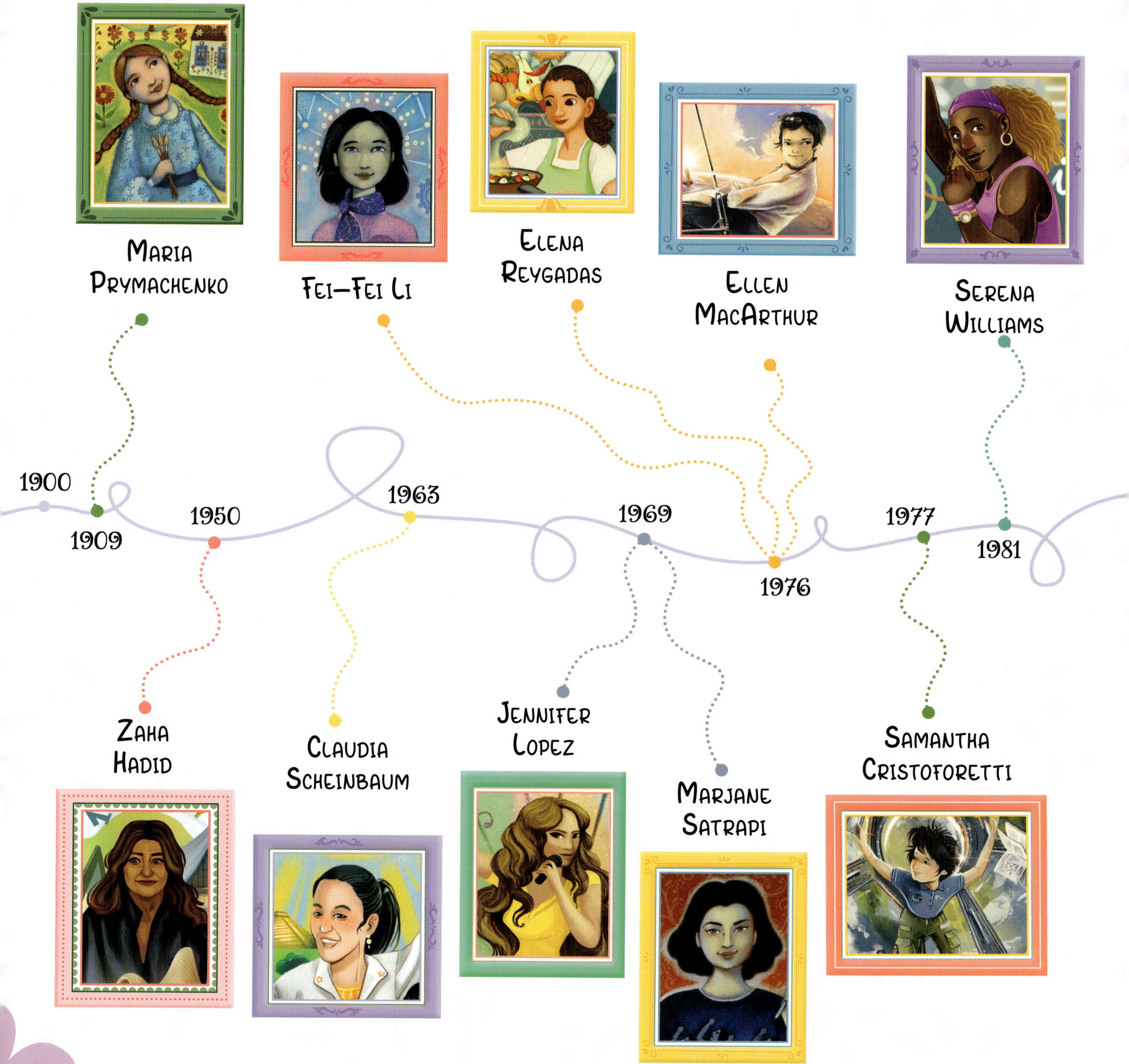

Misty Copeland

Greta Gerwig

Jennifer Hermoso

Emma Watson

Yusra Mardini

1982

1983

1989

1990

1997

1998

2001

2024

Taylor Swift

Simone Biles

Bebe Vio

Malala Yousafzai

Billie Eilish

Autoras e ilustradoras extraordinárias que colaboraram neste livro

Rosalba Troiano

Autora

Moro em uma cidade litorânea e, enquanto escrevo, estou contemplando um horizonte infinito que me dá força e inspiração. Mas as mulheres sobre as quais você acabou de ler também me encheram de energia e de vontade de fazer mais para melhorar este mundo complicado. Uma das minhas favoritas é Zaha Hadid, uma artista com uma personalidade ousada e não convencional. Também admiro Fei-Fei Li, cujo objetivo é ensinar os computadores a fazerem o bem e não se tornarem instrumentos de guerra. E se algum dia eu tiver um "dia ruim", pegarei este livro e o lerei novamente para ganhar os músculos de Simone Biles ou a determinação de Bebe Vio. De qualquer forma, estarei determinada a dar o meu melhor!

Anita Barghigiani

Ilustradora

Comecei a desenhar quando era muito jovem. Eu gostava de ilustrar especialmente meus brinquedos e bonecas. Às vezes, sem que meus pais soubessem, eu "editava" meus livros, adicionando personagens e objetos. Minha mãe ficava muito brava, mas provavelmente eu já estava destinada a me tornar uma ilustradora! Enquanto trabalhava neste livro, explorei as histórias de mulheres verdadeiramente extraordinárias, e a vida de Malala Yousafzai realmente me chamou a atenção. Ela é uma mulher incrivelmente corajosa, que fez sua voz ser ouvida desde muito jovem. Espero que sua história inspire muitas jovens leitoras!

Alida Massari

Ilustradora

Sempre amei desenhar. Eu desenhava quando criança, desenhava no ensino médio e, quando cresci, escolhi o desenho como minha carreira. Não consigo imaginar minha vida sem lápis, cores, pincéis e rabiscos em todos os cantos da casa... Por isso, gostei muito de ilustrar a história da Maria Prymachenko. Sou apaixonada por seu estilo de pintura espontâneo, primitivo e livre de regras. Ilustrar sua história me deu a oportunidade de conhecê-la melhor, e adorei me aprofundar em suas pinturas extraordinárias.

Chiara Nasi

Ilustradora

Quando criança, eu procurava fadas e animais mágicos nos campos de trigo da zona rural de Emilia-Romagna, onde cresci. Minha aventura no mundo da moda como designer começou após fazer um curso de ilustração no Instituto Europeu de Design. No entanto, os livros ilustrados sempre fizeram parte de mim e, assim como Taylor Swift, trago a natureza e ritmos suaves para minhas ilustrações. Mergulhar no passado de Taylor e refletir sobre o que essa artista representa atualmente me fez perceber como os lugares da nossa infância são uma fonte constante de inspiração.

Marga Biazzi

Ilustradora

Sou uma ilustradora e artista de quadrinhos de Milão e, desde 2000, trabalho com diversas editoras como ilustradora de livros infantis. Sou um pouco solitária, amo a natureza e a vida em todas as suas formas, e faço o possível para respeitá-las. Prefiro a ficção à realidade e geralmente me apego muito aos personagens. Entre as mulheres extraordinárias que ilustrei, minha favorita é, sem dúvida, Billie Eilish: ela foi criada como vegetariana e depois tornou-se vegana. Além disso, ela promove a conscientização sobre os direitos dos animais, buscando acabar com sua exploração. Por essa razão, eu a vejo como uma alma gêmea.

Isabella Ceravolo

Ilustradora

Eu nasci e cresci em Palermo, uma ensolarada cidade costeira italiana, onde desde jovem desenvolvi um profundo amor pela arte, um amor que mais tarde se tornou minha profissão. Neste livro, tive o prazer de ilustrar as histórias de mulheres extraordinárias, incluindo Bebe Vio. Sinto uma ligação especial com ela, já que temos a mesma idade, e acredito que sua história é um exemplo brilhante de força e coragem, oferecendo uma lição de perseverança e da capacidade de enfrentar os desafios da vida com determinação e generosidade.

Bibliografia

Simone Biles
Simone Biles e Michelle Burford, *Courage to soar*, Grand Rapids, Zondervan, 2016
Viviana Mazza, *La ragazza che imparò a volare*. Storia di Simone Biles, Milão, Mondadori, 2020

Misty Copeland
Misty Copeland, *Life in motion: an unlikely ballerina*, New York, Touchstone, 2014

Samantha Cristoforetti
Samantha Cristoforetti, *Diario di un'apprendista astronauta*, Milão, La nave di Teseo, 2018 Samantha Cristoforetti, *Nello spazio con Samantha*, Milão, Feltrinelli, 2016
Samantha Cristoforetti, *Logbook. Diario della missione Futura*, Lecco, Associazione ISAA, 2019

Billie Eilish
AA.VV., *I'm the bad guy. La storia di Billie Eilish*, Milão, Fabbri Editori, 2020
Andrea Campana, *Billie Eilish. Il mondo è un po' sfocato*, Roma, Arcana Lit Edizioni, 2021

Greta Gerwig
https://en.wikipedia.org/wiki/Greta _ Gerwig https://www.theguardian.com/film/2023/jul/09/it-had-to be-totally-bananas-greta-gerwig-on-bringing-barbie-back-to life

Zaha Hadid
Eloisa Guarracino, *Zaha Hadid*, Berlin, Raum Italic, 2020
Victoria Tentler-Krylov, *Building Zaha*, Londres, Orchard Books, 2020
Jeanette Winter, *The world is not a rectangle*, San Diego, Beach Lane Books, 2017

Jennifer Hermoso
https://es.wikipedia.org/wiki/Jennifer _ Hermoso
https://www.newtral.es/jenni-hermoso-la-nina-que-solo-sonaba-con-jugar-en-el-recreo/20230819/
Alexia Putellas, *Alexia superfutbolista*, serie, Espanha, Alfaguara 2021

Fei-Fei Li
Fei-fei Li, *The worlds I see*, United States, Flatiron Books, 2023

Jennifer Lopez
Adam Woog, *Jennifer Lopez*, Nova Iorque, Infobase Publishing, 2020
Patricia J. Duncan, *Jennifer Lopez*, Nova Iorque, St. Martin's Publishing Group, 2016

Ellen MacArthur
Ellen MacArthur, **Ho sognato l'impossibile**, Milão, Sperling & Kupfer, 2002
Ellen MacArthur, *Il cerchio si chiude: la mia vita*, Milão, Edizioni Mare Verticale, 2013

Yusra Mardini
Yusra Mardini, *Butterfly*, Florença, Giunti, 2019

Maria Prymachenko
Natalia Samruk e Halyna Borysova, *Maria Prymachenko. I give you the sun*, Kiev, Rodovid, 2008
Vittorio Sgarbi, I girasoli ucraini. *Maria Prymachenko*, Rovereto, Mart, 2023

Elena Reygadas
Elena Reygadas, *Rosetta*, Roma, Leporello Books, 2018
https://es.wikipedia.org/wiki/Elena _ Reygadas

Marjane Satrapi
Marjane Satrapi, Persepolis, Milão, Rizzoli Lizard, 2023
https://www.martinagalea.com/files/tesi-persepolis-marjane satrapi.pdf

Claudia Scheinbaum
Arturo Cano, *Claudia Sheinbaum: Presidenta*, Cidade do México, Grijalbo, 2023

Taylor Swift
Louisa Jepson, *Taylor Swift*, Nova Iorque, Simon & Schuster, 2013
Michele Lallai, *Taylor Swift. The One*, Bolonha, Pendragon, 2024

Bebe Vio
Bebe Vio, *Se sembra impossibile allora si può fare*, Milão, Rizzoli, 2017
Bebe Vio, *Mi hanno regalato un sogno*, Milão, Rizzoli, 2019

Emma Watson
David Nolan, *Emma Watson. The biography*, Londres, John Blake Publishing, 2011
Anna Doherty, *Emma Watson*, Milão, Hachette, 2020

Serena Williams
Gerald Marzorati, *Serena Williams. La regina del tennis*, Milão, Baldini e Castoldi, 2021

Malala Yousafzai
Malala Yousafzai, *Io sono Malala*, Milão, Garzanti, 2013
Viviana Mazza, *Storia di Malala*, Milão, Mondadori, 2013

Todolivro

Rodovia Jorge Lacerda, 5086 - Poço Grande
Gaspar - SC | CEP 89115-100

Texto
Rosalba Troiano

Ilustrações de:
Anita Barghigiani: Simone Biles, Jennifer Lopez, Elena Reygadas, Malala Yousafzai
Marga Biazzi: Billie Eilish, Yusra Mardini, Claudia Scheinbaum, Emma Watson, Serena Williams
Isabella Ceravolo: Greta Gerwig, Zaha Hadid, Bebe Vio
Alida Massari: Misty Copeland, Fei-Fei Li, Maria Prymachenko, Marjanne Satrapi
Chiara Nasi: Samantha Cristoforetti, Jennifer Hermoso, Ellen MacArthur, Taylor Swift

Tradução:
Ana Cristina de Mattos Ribeiro

Revisão:
Ana Paula da Silveira e Tamara B. G. Altenburg

IMPRESSO NA CHINA
www.todolivro.com.br

Embora seja baseado em personagens reais, este livro é uma obra de ficção, e todos os eventos aqui descritos são livremente inspirados em fatos reais disponíveis no domínio público.

Dados Internacionais de Catalogação na Publicação (CIP)
(Câmara Brasileira do Livro, SP, Brasil)

Troiano, Rosalba
Histórias extraordinárias: 20 mulheres extraordinárias que estão mudando o mundo / Rosalba Troiano; [tradução Ana Cristina de Mattos Ribeiro]. - Gaspar, SC: Todolivro, 2024. - (Coleção histórias extraordinárias; 9)

Vários ilustradores.
Título original: Extraordinary stories: 20 extraordinary women changing the world

ISBN 978-85-376-6423-0

1. Mulheres - Biografia - Literatura infantojuvenil 2. Mulheres - História - Literatura infantojuvenil 3. Mulheres artistas - Biografia - Literatura infantojuvenil 4. Mulheres cientistas - Biografia - Literatura infantojuvenil I. Título. II. Série.

24-244717 CDD-028.5

Índices para catálogo sistemático:

1. Mulheres: Biografia: Literatura infantil 028.5
2. Mulheres: Biografia: Literatura infantojuvenil 028.5

Cibele Maria Dias - Bibliotecária - CRB-8/9427

ESCANEIE O QR CODE E BAIXE OS TRÊS PÔSTERES MOTIVACIONAIS

ESTA SOU EU!